梦山书系

数学
广角怎样教

屈小霞　林碧珍 / 编著

海峡出版发行集团
福建教育出版社

图书在版编目（CIP）数据

数学广角怎样教／屈小霞，林碧珍编著．—福州：福建教育出版社，2018.7（2020.6重印）
ISBN 978-7-5334-8128-5

Ⅰ．①数… Ⅱ．①屈… ②林… Ⅲ．①小学数学课－教学研究 Ⅳ．①G623.502

中国版本图书馆 CIP 数据核字（2018）第 091068 号

Shuxue Guangjiao Zenyang Jiao

数学广角怎样教

屈小霞　林碧珍　编著

出版发行	福建教育出版社
	（福州市梦山路 27 号　邮编：350025　网址：www.fep.com.cn
	编辑部电话：0591－83727542
	发行部电话：0591－83721876　87115073　010－62027445）
出 版 人	江金辉
印　　刷	福建东南彩色印刷有限公司
	（福州市金山工业区　邮编：350002）
开　　本	710 毫米×1000 毫米　1/16
印　　张	7.5
字　　数	123 千字
插　　页	2
版　　次	2018 年 7 月第 1 版　2020 年 6 月第 2 次印刷
书　　号	ISBN 978-7-5334-8128-5
定　　价	19.00 元

如发现本书印装质量问题，请向本社出版科（电话：0591－83726019）调换。

目　录

序一 …………………………………………………………………… 1
序二 …………………………………………………………………… 3

第一章　找规律

找规律（一） ………………………………………………………… 1
　　第一节　目标定位分析 ………………………………………… 1
　　第二节　教学案例解读 ………………………………………… 1
找规律（二）——数字变化规律 …………………………………… 8
　　第一节　目标定位分析 ………………………………………… 8
　　第二节　教学案例解读 ………………………………………… 8
找规律（三） ………………………………………………………… 13
　　第一节　目标定位分析 ………………………………………… 13
　　第二节　教学案例解读 ………………………………………… 13

第二章　排列组合

搭配（一） …………………………………………………………… 17
　　第一节　目标定位分析 ………………………………………… 17
　　第二节　教学案例解读 ………………………………………… 18
搭配（二） …………………………………………………………… 24
　　第一节　目标定位分析 ………………………………………… 24
　　第二节　教学案例解读 ………………………………………… 25

第三章　推理

简单的推理 …………………………………………………………… 36
　　第一节　目标定位分析 ………………………………………… 36

第二节	教学案例解读	36
数独		41
第一节	目标定位分析	41
第二节	教学案例解读	42

第四章 集合

第一节	目标定位分析	47
第二节	教学案例解读	47

第五章 鸡兔同笼

第一节	目标定位分析	54
第二节	教学案例解读	54

第六章 优化

沏茶问题 59
第一节	目标定位分析	59
第二节	教学案例解读	59

烙饼问题 65
第一节	目标定位分析	65
第二节	教学案例解读	66

田忌赛马 76
第一节	目标定位分析	76
第二节	教学案例解读	77

第七章 植树问题

第一节	目标定位分析	80
第二节	教学案例解读	80

第八章 找次品

第一节	目标定位分析	86

第二节　教学案例解读 ··· 86

第九章　数与形
　　第一节　目标定位分析 ··· 94
　　第二节　教学案例解读 ··· 94

第十章　鸽巢问题
　　第一节　目标定位分析 ··· 101
　　第二节　教学案例解读 ··· 101

第十一章　数学思考
　　第一节　目标定位分析 ··· 106
　　第二节　教学案例解读 ··· 107

序 一

"数学广角"是人教版教材独有的内容,也是数学教师在教学中备感困惑的内容,他们往往把"数学广角"的内容等同于"奥数培训"或"英才教育"。所以很多老师感叹:"'数学广角'想说爱你不容易。"那么数学广角到底教什么?该怎样教?

《义务教育数学课程标准(2011年版)》指出:"数学思想蕴涵在数学知识形成,发展和应用的过程中,是数学知识和方法在更高层次上的抽象与概括,如抽象、分类、归纳、演绎、模型等。"这就要求教师在义务教育阶段应结合具体的教学内容逐步渗透数学的基本思想。由此可见,"数学广角"设置的意图在于系统而有步骤地把一些重要的数学思想,通过学生可以理解的、日常生活中常见的最简单的事例呈现出来,以学生容易接受的生活问题的形式,让学生在实验、观察、操作、推理等活动中运用数学思想方法解决问题。在解决问题的过程中感悟、体会和运用数学思想方法,积累解决问题的经验,促进学生数学素养的提升。

通观整套人教版教材,我们发现"数学广角"是这样编排的:一年级学生年龄小所学的知识少,还无法感受数学思想,所以教材中没有设置"数学广角"单元,从二年级开始设置了如下几个"数学广角"的内容。二年级上册:"排列组合(一)";二年级下册:"推理";三年级上册:"集合";三年级下册:"排列组合(二)";四年级上册:"优化";四年级下册:"鸡兔同笼";五年级上册:"植树问题";五年级下册:"找次品";六年级上册:"数与形";六年级下册:"鸽巢问题"。了解了"数学广角"的设置意图和编排方式后,我们不难知道"数学广角"教学的目标。

福州市小学数学林碧珍名师工作室和新疆昌吉市屈小霞名师工

作室携手对"数学广角"的教学进行了深入的研究,对于"数学广角"的教学有了一定的认识,我们将从目标定位、教学案例以及教学案例解读等三个方面向老师们呈现小学阶段"数学广角"这一单元的教学方式与方法,希望我们的解读能帮助老师们解开"数学广角"教学的困惑。

福州市金山小学　林碧珍

序 二

竹杖芒鞋，筚路蓝缕，记叙了探索者的艰辛；雁过留声，雪泥鸿爪，印证着实践者的足迹。汇聚福建省福州市小学数学林碧珍名师工作室和新疆昌吉市小学数学屈小霞名师工作室多年对"数学广角怎么教"课题实验研究的思索与心得的书稿，终于要和大家见面了，我们感到十分的高兴。这本书，正是林碧珍老师和屈小霞老师缔结七年教学研究之谊的最好见证；也是两个名师工作室团队实践与思考的成果，集结了团队所有成员的智慧；更是福建援疆项目助力"文化昌吉"，提升昌吉市教育人才专业理论水平的有力表现。

如果把这个团队比作一片蓝天，那你尽可以在这里放飞教育的理想与信念；如果把这个团队比作一方绿野，那你尽可以在这里茁壮成长；如果把这个团队比作一泓清泉，那你尽可以在这里洗涤课堂的浮躁与铅华；如果把这个团队比作未来名师的摇篮，那你尽可以在这里吸取教学的快乐与智慧；如果把这个团队比作一叶扁舟，那你尽可以在这里迎着朝阳，驶向远方。

林碧珍和屈小霞老师以前瞻的理念，科学规划自己的专业发展之路，潜心研修，不断丰实自己的教育人生。如果经验是一种财富，她们就是福州市和昌吉市小学数学教坛中最富有的人；如果钻研是一种力量，她们就是可以托起福州市和昌吉市小学数学教育半片天空的人。福州市和昌吉市的小学数学教育因为有了她们而光彩辉煌！

静观文集中一篇篇课例，你能感受到教师们谆谆教诲的脉动；你能感受到教师们伏案疾书的身姿；你能感受到教师们凝神思索的情影；你能感受到教师们立足课堂实践的努力；你能感受到实验者们在实践中反思、在反思中实践，在反复的反思与实践的撞击中绽放出思想的火花，汇聚成远见卓识……

有想法就有探索，有探索就有发展，有发展就有未来——这才是真正的财富。本书是教师们辛勤思索、潜心研究的点点心血；本书是一尊熔炉，冶炼出教育思想的晶体；本书是异彩纷呈的理念碰撞，迸射出教学改革的光芒；本书是来自于一线教师最真实的体验和感悟；本书扎根于实践，势必能对数学教师今后在"数学广角"方面的研究起到很好的借鉴作用。

　　愿本书中每一个案例，都能化作一座熠熠闪光的航标，引领大家对"小学数学怎样教"有所体验，引领小学数学教师在人生的航船上顺利驶向光辉的彼岸！

新疆昌吉市教育局局长　申俊德
2017 年 11 月

第一章 找规律

找规律（一）

第一节 目标定位分析

"找规律（一）"是人教版数学一年级下册第七单元第一课时的内容，是建立在学生在生活中对"规律"已经有了许多感性认识的基础上，以及在"分类与整理"单元中学生选择分类的标准时，对于发现规律的角度（如颜色、形状等）有所积累的基础上进行教学的。主要是从探究生活中各类实物的规律入手，逐步过渡到探究抽象的数的排列规律。探索规律实际上就是培养学生的"模式化"思想，发现"规律"就是发现一个"模式"，并能运用多种方法表达"模式"的特点。因此，我们在教学中应关注引导学生通过合情推理发现生活中不同事物存在的简单直观的规律，理解数组中抽象而隐含的规律，在探索规律的过程中初步感知"模式化"思想，在利用图形、图形与数字、数字等形式来表示一个模式的过程中感悟规律中关系的多样化，并在"数"和"形"之间建立起联系，感悟模型思想、数形结合、一一对应等思想。据此我们设置了如下教学目标：

1. 通过观察、实验、猜测等活动，发现生活中事物简单的排列规律，会根据发现的规律进行推理。

2. 培养探究规律的兴趣及发现规律、应用数学规律的意识。

第二节 教学案例解读

一、案例

（一）创设情境，导入新课

1. 设计游戏，感受生活中的事物排列是有规律的。

（1）师：孩子们，为庆祝"六一儿童节"学校要在门口的花坛摆放鲜花，想看看这些花的颜色吗？

(2) 出示图片：王伯伯摆了第 1 盆红花。

(3) 师：同学们你们猜一猜第 2 盆花可能是什么颜色？

生：红色。

生：黄色。

生：紫色。

生：蓝色。

……

(4) 学生猜测各种颜色后，课件显示王伯伯第 2 盆摆了黄色的花。

(5) 师：你们猜一猜，接下来王伯伯会摆什么颜色的花呢？

生：红色。

生：黄色。

生：红色。

生：蓝色。

生：红色。

……

(6) 部分有生活经验的学生说摆红色，多数学生猜是其他的颜色，接下来教师出示王伯伯摆的第 3 盆花是红色的。

(7) 师：现在你们再猜一猜，第 4 盆花会是什么颜色？

(8) 猜黄色的同学达到一半以上，部分学生说王伯伯会摆自己喜欢的颜色。

(9) 教师电脑演示王伯伯摆的第四盆花。并提问：同学们你们能很快地说出接下来摆的花是什么颜色的吗？

2. 引发质疑，发现事物排列的规律。

(1) 师：刚开始总是猜错，为什么现在同学们一猜就猜对了？

生：王伯伯总是一盆红花一盆黄花、一盆红花一盆黄花这样摆的，我们就容易猜到接下来会摆什么颜色。

(2) 师：你说得真好，我们发现这些花的摆放是有规律的，一盆红花一盆黄花，又一盆红花一盆黄花的一组一组重复出现。【板书：一组一组重复出现】其实在生活中有很多像这样重复出现的有规律的事物，今天我们就一起来找规律。【板书：找规律】

(二) 观察思考，发现探索规律

1. 出示主题图，发现规律。

师：为庆祝六一儿童节，同学们把会场装扮得可漂亮了，请看图中都有什么？

（学生发现了小朋友、彩旗、灯笼、彩花等。）

师：这些物品或人的排列有规律吗？

生：彩旗是有规律的。

生：灯笼是有规律的。

生：彩花也是有规律的。

生：小朋友的排列也有规律。

……

师：看来有很多事物的排列都是有规律的，现在我们先来研究彩旗的排列有什么规律，谁能把这些彩旗按照图中的规律贴到黑板上呢？（请一位同学把彩旗贴到黑板上。）

师：谁能说说他是怎么贴的，有什么规律？

生：他是一面黄旗一面红旗、一面黄旗一面红旗、一面黄旗一面红旗……这样的顺序依次重复出现的。【板书：重复】

师：你能把重复出现的旗子圈起来吗？

师：像这样一组一组重复出现的彩旗就是彩旗排列的规律。【板书：一组一组】

师：这幅图中其他事物和人的排列有类似的规律吗？请把重复的一组圈起来。同桌之间相互说说你圈出重复的是哪一组，你发现的规律是什么。

2. 分析推理，深入理解规律。

（1）当学生发现了彩花、小朋友和灯笼的规律后，接着引导学生思考：接着摆下去该摆什么呢？

（2）当学生说到灯笼的规律时，还应引导学生注意：灯笼的排列规律是将一个红灯笼、两个黄灯笼看成一组重复出现的。

（3）动手涂画设计规律：同学们能找到各种不同事物排列的规律，那么，请同学们也用不同的颜色把教材第 85 页"做一做"中的花朵涂出有规律的图案。

（三）分析思考，应用规律

1. 创造规律，数形对应。

（1）每个同学都有一些鸡妈妈和小鸡的图片，你能把它们有规律的排成一排吗？你能说说它们的规律是什么吗？

（2）出示同学们的作品。

师：这些鸡的排列有规律吗？有什么规律？

生：这些鸡的排列有规律，是按 1 只母鸡 1 只小鸡为一组重复出现的规律摆的。

师：说得很对，那这些鸡的排列有规律吗？有什么规律？

生：这些鸡的排列有规律，是按 1 只母鸡 2 只小鸡为一组重复出现的规律摆的。

2. 数形结合，合理推测。

（1）师：这些鸡的排列有规律吗？有什么规律？

生：这些鸡的排列有规律，是按 1 只母鸡 3 只小鸡为一组重复出现的规律摆的。

师：说得很准确，看来同学们已经掌握了找图形排列规律的方法。

师：1 只母鸡可以用数字几表示？

生：可以用数字 1 表示母鸡的数量。

师：那 3 只小鸡可以用数字几表示？

生：可以用数字 3 表示小鸡的数量。

    1   3   1   3   1   3   ___ ___

（学生说出一只母鸡、三只小鸡时，在鸡的下面用数字记录它们的数量

1、3。)

(2)师：观察这些数字的排列，你有什么发现？

生：数字的排列也有规律，数字1、3为一组，1、3，1、3重复出现。

师：以此类推，按照这种规律横线上应该是几呢？

生：第一个横线上写1，第二个横线上写3。

师：你是怎么想的？

生：上面是1只母鸡下面就写1，上面是3只小鸡下面就写3。

生：数字总是1、3，1、3重复出现，接下来的横线上也应该写1、3。

【总结：除了图形的摆放有规律，数字的排列也是有规律的。】

(3)师：观察这幅图中图形排列的规律、数字排列的规律，你有什么发现？

生：图形中是1只母鸡3只小鸡重复出现，下面的数字也是1、3，1、3重复出现。

生：他们的变化规律是一样的。

(四)回顾总结，提炼思想

1. 出示例2中的另一个题目。

  2 3 2 3 2 3 ___ ___

2. 推理过程。

师：想知道横线中要填什么，今天学习的什么本领可以帮你解决问题？

生：上面的图中是2个碗下面就写2，3个碗下面就写3。

师：这位同学是根据谁的规律来填横线上的数？

生：它是根据图形的规律来填数的。

师：还可以用我们今天学的哪个本领来填数？

生：数字是2、3，2、3一组一组重复出现，所以后面的横线上就应该填2、3。

3. 整理提炼。

师：请同学们仔细观察这几幅图的共同特点，上面有图，下面是图形对应的数量。上面的图形和下面的数之间有什么联系？

生：上面的图形和下面对着的数变化规律是一样的。

（五）全课总结，拓展延伸

师：通过今天的学习你收获了哪些本领？

生：我会找规律了。

生：我知道找到一组一组重复出现的图形或数就可以知道后面的图形和数。

生：我知道了图形和它下面的数的规律是一样的。

师：看来通过今天的观察、操作、思考，同学们知道了只要发现图形和数的排列中重复出现的那一组，就可以推测出下面会出现哪组图形或哪组数，同学们在用数来表示每种图形的数量的过程中，发现了还可以借助图形的规律推测出数的排列规律。

师：接下来我们来看看同学们能不能用今天学到的知识解决下面的问题。

1. 教材第 86 页 "做一做" 第 1 题。

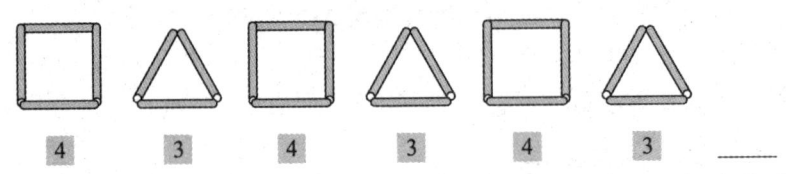

　　□　△　□　△　□　△
　　4　　3　　4　　3　　4　　3　　___　___

师：图上画的是什么？图形的排列有规律吗？请同学们先接着画一画，再写出下面的数字。做完后能说说你是怎么想的吗？

2. 找规律、填数。

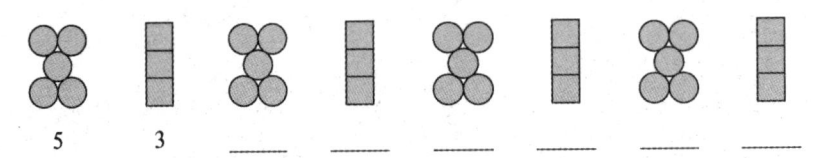

　　5　　3　　___　___　___　___　___　___

师：想要填出横线上的数字，同学们需要从哪里找答案呢？

引导学生从图形中发现规律，自主的发现数形结合是解决问题的常用方法。

二、案例解读

"找规律（一）"在知识分类上并没有被划分为"数学广角"的教学内容中，但在寻找规律的过程中蕴含的数学思想方法，在学生后续学习数学广角的内容中发挥重要作用，例如在"搭配问题""植树问题""鸡兔同笼问题""数与形"等内容都会用到在"找规律"的学习中积累的数学经验和获得的数学方法。教材分两个例题进行教学。

例1从学生举行联欢会的情境引入，图中装饰的彩花、彩旗、灯笼以及男女间隔围成圈跳舞的学生都是有规律地排列的。教材首先让学生明确"图中的人和物都是按规律排列的"，使学生初步感知规律。接着让学生分析小旗的排列规律，从颜色的角度发现并表述规律。教材以圈出一组黄旗、红旗的方式，使学生感受到"一组"旗子在旗子的规律性排列中的重要性。再根据提示语理解规律的含义，规律就是这样的"一组"旗子的重复排列，同时学会用语言表述规律的方法。在让学生分析了小旗的排列规律之后，让学生发现并表述情境图中的其他排列规律，并以圈出重复的部分的操作活动，突出规律的"核心"，加深学生对于规律的理解。例1后的"做一做"，让学生按自己喜欢的规律涂色，是一个开放性的练习，学生自己发现规律，可以加深对规律的理解，同时也可以激发学生的兴趣，培养学生的创造性。

鉴于此，我们在教学中先设计了"猜花的颜色"的游戏环节，让学生在游戏中感受到什么是规律，体会到重复出现的事物的排列都是有规律的。接着从学生举行联欢会的情境引入，让学生明确"图中的人和物都是按规律排列的"，使学生初步感知规律。然后在教学中以圈出一组黄旗、红旗的方式，让学生分析小旗排列规律，发现并表述规律。学生通过观察圈出重复的部分初步感悟探索规律的模式，根据探索得到的重复出现的事物推测得到按规律排列的事物的图形后面应该是什么颜色，初步培养学生的推理能力并感受模型思想在找规律中的作用。

例2主要是结合直观图形的变化规律来教学数字的变化规律。在例2的教学中，教师对教材进行了改编，调整了例题呈现顺序，将例2的第（1）和第（2）题先后顺序进行了调换，同时改编了教材中例2第（2）题呈现的方式，由直接呈现题目内容改为学生利用学具拼摆规律的活动，目的是给学生提供一个开放的自主创造规律的空间，将学生习得并内化的规律通过摆例题中小鸡图片的方式呈现出来，在学生自己拼摆创造规律的过程中，体验到不同的重复模型中存在不同规律的同时，引导学生对图形和数量一一对应的观察，引导学生发现数字的排列也有规律，图形和数字的排列规律是有联系的，从而发展学生的推理能力。

（昌吉市第十小学　黄媛媛）

找规律（二）
——数字变化规律

第一节　目标定位分析

"数字变化规律"是人教版一年级下册第七单元第二课时的内容，本节课是在学生掌握了简单的图形及数字变化规律的基础上，逐步过渡到探究抽象数列的排列规律。由有循环组的简单的图形和数字排列规律的认识发展到认识等差数列的排列规律以及研究数组中的抽象而隐蔽的规律，符合学生思维发展的规律，又结合了数学学科的具体教学内容，具有浓厚的数学味道。在探究数字变化规律的过程中引导学生运用数形结合、一一对应、合情推理等方法，发现并理解数列中抽象而隐含的变化规律。据此我们设置了如下教学目标：

1. 认识一些简单的、有规律的排列，并能运用规律解决一些简单的问题，感受到数学就在我们身边。

2. 通过观察、归纳，抽象出数列的规律，培养观察能力和抽象思维能力。

3. 通过摆一摆、画一画、找一找，培养动手实践能力、合作交流和初步的应用意识。

4. 能用较完整的语言叙述数列的规律，培养表达能力；培养认真观察和爱动脑筋的好习惯以及发现和欣赏数学美的意识。

第二节　教学案例解读

一、案例

（一）创设情境，激趣导入

师：今天老师带大家去一个特别的地方——聪明屋。可是聪明屋的大门被锁上了，别急，这里有密码提示。出示课件：567（　）9，密码是多少呢？

生：56789。

师：你是怎么想的？

生：因为567后面就是8，括号里填8，密码就是56789。

生：我发现第一个数都比它后面的一个数少1，8比9少1，密码是56789。

师：对！你们真聪明，数字的排列也是有规律的。下面，我们就一起来探究数字的变化规律。【板书课题：数字变化规律】

（二）数形结合，探究规律

1. 教学例3。

（1）数形对应，探索规律。

师：现在，老师要考考大家。你们看，你能找出这些图形的摆放是有什么规律的吗？（课件出示例3内容，让学生相互说一说自己的发现。）

师：摆一摆，你能利用手中的学具摆出这几组图形吗？或者利用手中的笔将这几组图形画出来吗？（动手操作，合作交流。）

师：谁来告诉大家这些图形的规律是什么？

生：我摆的正方形是3个、6个、9个、12个。

生：12个正方形后面是15个，每次都增加了3个正方形。

生：我在画完9个正方形后，画了12个正方形，9个加上3个是12个。

师：（电脑出示数字）那么，后面应怎么摆？怎么算呢？

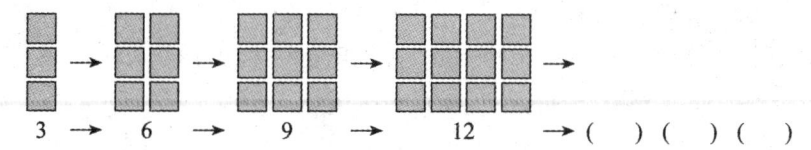

生：每次增加三个正方形，应该摆15个、18个。

师：再往后呢？应摆几个？为什么？

生：21个，因为18加上3就是21。

师：想一想，摆图形与画图形时你有什么感觉？

生：太费时间了。

生：太麻烦了。

师：那你能不能用更简单的方法把这样的规律表示出来呢？（引导学生利

用一一对应的思想,将每组图形相对应的正方形的个数用数字表示出来。)

生:可以用数字算一算。3加3等于6,6加3等于9,9加3就等于12,12加3就等于15。

师:如果按这样的规律再往后摆一组图形,应该摆几个?如果让你按这样的规律再表示出几组,你是愿意摆图形,还是愿意写数字呢?

生:写数字快,我直接可以用15加3等于18,18加3等于21,每次加3就可以做出来了。

师:你们真是善于学习的好孩子!那么,我们今天找到的规律与上一节课找到的规律一样吗?有什么不同的地方?

师:再看看这组图形和数字,你发现规律了吗?(课件出示第二组图形。)

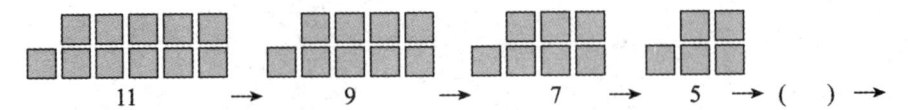

11 → 9 → 7 → 5 → ( ) →

生:我发现,正方形在减少。

生:正方形每次少了2个。

师:你是怎么知道的?

生:11-2=9、9-2=7,每次减了2,所以,5-2=3,5后面填3。

生:再往后填1,3减掉2就是1。

师:你们喜欢直接根据图计算呢,还是摆一摆、画一画呢?

生:摆一摆、画一画麻烦,可以按照规律每次减2算出来。

(2)观察推理,发现规律。

师:你们真棒!不但找到了图形的变化规律,还找到了数字的变化规律。那么,下面这两组数字的排列,你能找到规律吗?

①5 10 15 20 25 (   )(   )

②24 20 16 12 8 (   )(   )

(学生独立思考后汇报。)

生:第一组25后面填30、35,每次都加了5。

生:第二组8后面填4、0,每次都减去4。

师:同学们观察一下今天我们学习的"数字变化的规律",数字变化的规律到底是怎样的?

小结:图形和数字的变化规律要通过计算相邻两项数量的差来找出,后一项是前一项加或减一个固定的数得到的。

【板书：后一项是前一项加或减一个固定的数得到的】

2. 教学例4。

（1）推理应用，抽象规律。

师：孩子们，我们找到了图形和数的规律。那么下面这组图形中的数组的规律大家能找出来吗？

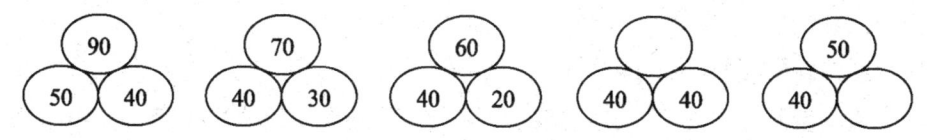

$$\begin{array}{ccccc} \underset{50\ 40}{90} & \underset{40\ 30}{70} & \underset{40\ 20}{60} & \underset{40\ 40}{} & \underset{40\ }{50} \end{array}$$

师：仔细观察，认真思考，小组内说一说你发现的规律。

生：我想摆一摆，可是图形没那么多。

生：我画了，可是数量太大，太麻烦了。

生：我发现这每一组数中，三个数之间都有数量关系。

师：你的发现很有价值，说说你发现了怎样的数量关系？

生：我用算一算的方法，发现50加40等于90，40加30等于70，40加20等于60，那40加40就是80，填80。最后一个是40加50就是90，括号里填90。

师：有不同想法吗？

生：最后一个填的不对，应该是40加10等于50，括号里填10。

师：你们真有一双善于发现问题的眼睛呀！你们还有不同的算法吗？

生：90减去40等于50，70减去40等于30，60减去40等于20，80减去40等于40，括号里填80，50减去40等于10，括号里填10。

师：孩子们真棒，知道了每组数可以用两数相加或相减得到另一个数的方法找到规律的。那么，下面我们就利用学习的规律试着解决下面一个问题吧。

【板书：每组数可以用两数相加或相减得到另一个数的方法找到规律】

（三）巩固练习，应用规律

填一填教材第87页"做一做"第1、2题。

（四）回顾总结，加深理解

师：通过今天的学习你收获了哪些本领？

生：我会找规律了。

11

生：我知道，只要找到一组图形或数之间是加上了，还是减少了的关系，就可以知道后面的图形和数。

生：我知道了图形和它下面的数的规律是一样的。

生：我觉得，用数字计算比画图快。

师：看来，你们通过观察、操作和计算，发现只要找出一组图形和数之间的规律，就可以推测出下面会出现哪组图形或哪组数。还学会了借助图形之间的规律推理出数字之间的排列规律。

二、案例解读

本案例着重解决了解数字间的变化规律的问题，教学中不再是一组事物间重复出现的规律，而是在图形的基础上增加了数字间、数组间的规律的寻找，发现等差数列和数组中的简单规律。在教学时，教师应处理好直观和数列分析的对应关系，避免出现过早抽象或过度依赖直观的现象。同时应借助方法的迁移，帮助学生完成过渡。重点要处理好以下关系。

1. 处理好由直观到抽象的过渡。

教学伊始，我们先从学生感兴趣的"猜密码"环节入手，让学生在游戏中感受到数字简单的排列规律，体会到数序的排列也是有规律的，从而引出课题——数字变化的规律。在例3的教学中，学生通过动手操作，合作交流，探索规律，然后利用数形结合思想发现数字排列规律，即使学生经历了从形到数、数形对应的过程，在这一循序渐进的过程中，既培养学生的推理能力又使学生感受模型思想在找规律中的作用。学生在摆一摆、画一画、说一说、算一算的活动中进一步体会到形与数相对应中所蕴含的规律，深化对数形结合思想及模型思想的理解运用。

在例4的教学中，数组中的规律具有一定的复杂性和综合性，不同学生对数组的观察角度也会有所不同。从直观过渡到对等差数列的研究，对学生而言，有一定难度，在教学时，我们引导学生借助知识的迁移，利用手中的学具摆一摆、画一画、算一算等方式，引导学生利用之前学习活动中积累的图形与数一一对应、数形结合发现规律的经验，发现数字排列规律。同时，鼓励学生多角度观察每组三个数之间的联系，如有的学生想"40＋50＝90"；还会有学生想"90－40＝50"或"90－50＝40"；有的学生想"40和50组成90，30和40组成70，20和40组成60"等等。教师都应给予鼓励，同时使学生体会所表述规律背后的共同规律。

2. 能够表述发现的规律。

对一年级学生而言，简洁而准确地表述找到的规律有一定的困难，教师在教学中应注意把握表述规律的"度"，只要学生能结合具体情境用自己的语言表达清楚即可，不必要求学生以统一的语言结构进行表述。

（昌吉市回民小学　朱玉萍）

找规律 （三）

第一节　目标定位分析

"穿珠子"是"找规律（三）"这一单元的内容。这节课在让学生继续体验解决问题一般过程的基础上，让学生利用自己发现的规律去解决问题、丰富解决问题的策略。找规律的方法既不是计算也不是数数，而是通过从不同的起点、方向观察，找到穿珠子的规律，利用规律来解决问题。在教学过程中，突出了解决问题的反思过程。教材通过利用找规律的知识解决问题这一编排方式，进一步培养学生探索规律的意识和能力以及分析、推理能力，丰富学生的解题策略，让学生感受规律在生活中的广泛应用，体会学习数学的价值。据此，我们将这节课的教学目标确定为：

1. 通过观察、实验，巩固已学过的各种规律及找规律的方法，能灵活运用发现的规律与所学的知识进行推理，确定后续或缺失的图形。

2. 熟练掌握并运用解决问题的一般步骤，提高解决问题的能力，丰富解决问题的策略。

第二节　教学案例解读

一、案例

（一）创设情境，引入新课

1. 复习旧知：哪位同学来说一说，前面我们学习了找规律的哪些知识？（让学生自由回答，教师加以引导与整理。）

2. 情境创设：看来大家对学过的找规律的知识都掌握得很好，那么，你能不能运用所学的知识来帮助小红解决她遇到的难题呢？（课件呈现例 5 中的手链图。）

3. 引入新课：今天我们就来学习用规律解决穿珠子的问题。

【板书课题：穿珠子】

（二）引导探究，解决问题

1. 阅读理解：完整呈现例 5。

（1）从题目中你知道了什么？和你的同桌先说一说。

（2）在这个题目中，你认为哪个词语最关键？

（3）师：对，关键词就是"按规律"，那么是按什么规律来穿的呢？

生 1：这串手链是用 2 颗黄珠子、1 颗蓝珠子为一组，依次重复穿出来的。

生 2：这串手链是用 1 颗黄珠子、1 颗蓝珠子、1 颗黄珠子为一组，依次重复穿出来的。

对于学生所发现的规律，教师都应给予肯定，并引导学生说出：第一种规律是从左往右观察得到的；第二种规律是从右往左观察得到的。

2. 题目让我们帮小红解决什么问题？

引导学生说出：手链断了，掉了两颗珠子，问掉的是哪两颗珠子。

3. 分析解答。

（1）我们刚才找到的规律是什么？那我们能不能利用我们发现的规律来解答呢？

（2）引导：你从哪边开始看？（左边）所以找到的规律是黄黄蓝为一组重复排列。掉的珠子应该是 1 颗蓝色的、1 颗黄色的（课件演示）。

（3）你还有不同的发现吗？从右边开始看，发现的规律是黄蓝黄为一组重复排列，掉的珠子应该是 1 颗蓝色的、1 颗黄色的（课件演示）。

（4）师小结：我们发现，从不同的起点，不同的方向看，找到的规律是不一样的。

【板书：从不同的起点，不同的方向看，找到的规律是不一样的】

4. 回顾反思

（1）我们的解答正确吗？如何证明是正确的呢？引导学生说出：要动手摆一摆，看看是否正确。

（2）同桌合作：利用学具摆出她的手链，看符不符合她穿的规律。

(3) 汇报结果：学生汇报时，教师利用课件动态演示。得出：通过摆一摆，证明刚才同学们的回答是正确的。

(4) 整理小结。

师：刚才我们在解决这个问题的时候，是怎么做的？

小结：①认真审题，发现规律；②找准起点，圈出一组；③按照规律，补上珠子；④动手操作，检验解答。

5. 练习反馈。

课件呈现第 88 页的"做一做"。

(1) 小英也穿了一串手链，但掉了 3 颗珠子，你们也来帮帮她好吗？

(2) 引导学生利用以上的解答步骤来独立解决问题。

(3) 交流反馈：请学生代表说出自己的解答步骤，师生给予评价。教师对学生解决问题过程中暴露出来的一些问题进行有针对性的讲解。

(三) 实践应用，巩固拓展

1. 基本练习。

课本第 90 页练习二十第 9 题。

2. 提高练习。

课本第 89 页练习二十第 4 题：

(1) 让学生按照以上的解题步骤去完成；

(2) 在说规律时，着重引导学生发现规律：黄珠数量不变，蓝珠数量是依次增加的。

3. 拓展练习。

课本第 91 页练习二十的"思考题"第一问。小组比赛的形式完成后，汇报交流成果。

(四) 回顾小结，提出希望

1. 回顾小结：本节课我们学习了什么知识？你有什么收获？

2. 师生共同梳理：本单元我们学习了哪些知识？

3. 知识延伸：处处留心皆学问，如果我们能在以后生活与学习中做一个有心人，那么你将会发现更多、更有趣、更神奇的规律。

二、案例解读

《义务教育数学课程标准（2011 年版）》传达的基本理念，更突出了编写者对于学生数学能力培养方面的理性思索，这是一种基于理解数学角度的传承和回归，从而也使得"找规律"这部分内容更加焕发出新的光彩和活力。

　　这里特别值得一提的是例5的编排：分三个问题阶段性呈现——知道了什么？怎样解答？解答正确吗？这样的编排，有助于学生"利用规律解决问题"这一方法的指导，这也是在例题编排的层面与2001年版的课程标准的最大区别。可以预见的是，这样的改动必将带动第一、二学段中相关内容的系列性改变，同时极大地影响教师们教学设计思路和教学方法上的变革。这样的变革在本案例就有以下方面的凸显。

　　1. 教师侧重对解决问题过程的指导。教学中，教师首先设计很有价值的问题："在这个题目中，你认为哪个词语最关键？"引导学生抓住关键词"按规律"理解问题。在此基础上，教师追问："那是按照什么样的规律穿珠子呢？"目的是引导学生结合图找出规律。在分析解决问题时，教师及时进行方法上的指导，让学生理清思路，进而找出答案；在回顾与反思阶段，帮助学生逐步学会根据问题灵活地进行验证与反思。对于穿珠子的问题，应先确定起点，以操作的方式检查答案是否符合发现的规律。在这几个环节中，教师既注意对学生解决问题过程的指导，又注意引导学生利用所学知识解决问题，让学生在继续经历解决问题的一般过程的同时，不断丰富解决问题的策略。

　　2. 方法指导由"隐性"转向"显性"。在分析"掉落的珠子"时，教师在放手让学生独立完成并充分交流方法的基础上，引导学生提炼出"找起点""圈一组"等具体方法，以利于学生的理解和掌握。如以左侧作为起点，则2颗黄珠、1颗蓝珠作为一组，第4组有一颗黄珠，掉下的为1颗黄珠和1颗蓝珠；以右侧作为起点，则1颗黄珠、1颗蓝珠、1颗黄珠作为一组，第4组有一颗黄珠，掉下的为1颗蓝珠和1颗黄珠。

　　3. 练习设计由单调转向丰富。无论是"做一做"的巩固性练习，还是后续的练习题，都体现了练习的层次性和练习的深度，教师通过各种形式的练习，不断加深学生对规律的认识与理解，不断提升学生运用知识解决问题的能力，不断丰富学生解决问题的策略，让学生的观察能力、分析与推理能力、概括和归纳能力，以及语言表达能力得到进一步发展与提高。

（昌吉市第六小学　屈小霞）

第二章 排列组合

搭配（一）

第一节 目标定位分析

"排列与组合"的思想方法在现实生活中的应用比较广泛，如体育中足球、乒乓球等比赛中场次的设定，密码的排列数，邮政编码，电话号码，身份证号码等这类编码都要用到排列与组合。排列组合的思想方法是学生今后学习统计与概率知识的基础，还是发展学生抽象能力和逻辑思维能力的好素材。人教版教材分两次安排了排列与组合内容，分别是二年级上册和三年级下册。"搭配（一）"主要是让学生通过直观操作、观察、猜测、验证等方法，发现3个不同数字组成两位数的排列数及两两求和的组合数，通过有序思考进行简单排列，从而得到排列数或组合数，学会排列与组合的简单方法，逐步培养学生有序、全面思考问题的意识，积累探索数学问题的经验，感受数学与现实生活的关系，进而达到《义务教育数学课程标准（2011年版）》第一学段的要求：使学生在解决问题的过程中，能简单的、有条理的思考。据此我们设置了如下的教学目标：

1. 通过操作、观察、猜测等活动，学会找简单事物的排列数与组合数的基本方法，感受二者的区别与联系。

2. 在发现简单事物的排列数和组合数的过程中，培养有序、全面思考问题的意识，体验有序思考；在猜测、验证活动中渗透分类思想，培养初步的推理能力。

3. 初步感受排列与组合在日常生活中的广泛应用，感受数学与生活的密切联系。

第二节　教学案例解读

一、案例

（一）创设情境，导入新课

1. 同学们，我们来玩个猜年龄的游戏吧。

师：出示数字卡片。我的年龄是由 3 和 4 组成的两位数，我的年龄是多少？

生：3 和 4 只能组成 34 或 43，所以老师的年龄是 34 或 43。

生：我觉得老师比我妈妈大，我妈 40 岁了，我觉得老师应该 43 岁。

生：我从老师的外貌判断，您应该 43 岁。

师：几位同学都很棒，最棒的是能有理有据地说话。【板书：有理有据】

师：老师的确是 43 岁。谁能说说要猜对老师年龄，首先要知道什么？

生：先要判断 3 和 4 组成的两位数共有几种可能，然后再根据老师的外表来确定。

2. 下面大家来猜一猜我们学校的人数吧。

我们学校的人数是由 3、4、5 其中的两个数字组成的两位数，每个两位数都没有重复数字，想想一共有多少种可能性。

生：3 种。

生：6 种。

生：4 种。

生：8 种。

生：9 种。

师：这些都是大家的猜测，也是今天我们要解决的——搭配问题。怎样才能知道正确答案到底是几呢？【板书课题：搭配问题】

生：我们可以用数字卡片摆一摆，然后再写下来。

（二）探究新知，感知有序

师：下面大家就动手用数字卡片摆一摆，把摆出的结果写在练习纸上。

温馨提示：待会儿要有理有据地把自己的思考过程说给大家听。

1. 学生摆一摆。

2. 教师巡视，收集信息。

3. 展示反馈。

教师展示收集的作品：3 种，34、45、53。

师：同意这位同学的想法吗？为什么？

生：没写全。还有 43、54、35。

教师随手补充在后面。

教师展示收集的作品：4 种，34、43、53、54。

师：同意这位同学的想法吗？为什么？

生：没写全。还有 35、45。

教师随手补充在后面。

展示出现 8 种的情况：34、53、43、45、35、54、35、43。

师：同意这位同学的想法吗？为什么？

生：重复了，有两个 43 和 35。

展示出现 9 种的情况：33、34、44、53、55、43、45、35、54。

师：同意这位同学的想法吗？为什么？

生：33、44、55 与题意不符，题目要求每个两位数都没有重复数字。

教师随手把不符合题意的数字划去。

师：现在同意这个结果吗？（生点头）看来认真读懂题意很重要呀。

师：观察以下 3 种写法对吗？你喜欢哪种写法？

①34、53、43、45、35、54；②34、35、43、45、53、54；③34、43、45、54、53、35。

生：我喜欢第二种，好记，比较有规律。

生：我喜欢第三种，好记，比较有特点。

生：后两种都是按一定顺序排列的。

师：看来大家比较喜欢后两种写法，那我先采访一下写第二种情况的同学，写了 34 后，怎么想到接下去写 35 了呢？

生：我按从小到大的顺序写的。

生：我是按照十位上先写 3，然后写 4，最后写 5。

师：【板书：十位、个位】他说十位上先放 3，把 3 放在十位上，个位上可以怎么放呢？

生：个位上可以放 4 或者 5。

师：个位上放 4，就可以得到 34，个位上还可以放 5，得到 35。

师：你们看出他摆的顺序了吗？先把 3 放在十位上，这时候，个位上可

19

以放 4，也可以放 5，就得到 2 个两位数。接下来他会怎么放？

生：接下来把 4 放在十位上，得到 43、45 两个数。

师：谁知道接下来怎么办？

生：把 5 放在十位上。

师：得到几个两位数，哪几个？

生：2 个，53、54。

师：还有吗？是呀，3、4、5 三个数，放在十位上只有三种情况，一共可以摆出几种情况？（6 种）这样考虑真的有一定顺序。

师：现在采访一下用第三种写法的同学，写了 34 后，怎么想到接下去写 43 了呢？

生：把 34 的两个数字颠倒位置就得到 43。

师：颠倒位置这很好理解。关键是怎么找出每一对数。接下来应该拿出哪对数字呢？

生：接着可以拿 3 和 5。

师：这两个数字又可以组成几个两位数？

生：2 个，35 和 53。

师：同学们，3、4、5 只能找出两对朋友吗？

生：还有 4 和 5。

师：怎么让别人清楚地看出一共有几对朋友呢？

学生展示连线的方法。

师：认真看他是从哪开始连的？

生：从 3 开始，先和 4 连；接着 3 和 5 连；最后 4 和 5 连。

师：3 和 4 连了，又和 5 连了，还有没和 3 连得吗？（没有）接着 4 和 5 连。为什么不反过去再连一下呢？

生：那样就重复了。

师：从 3 开始，先和 4 连，可组成 34、43 两数；接着 3 和 5 连，可以组成 35、53 两数；最后 4 和 5 连，可以组成 45、54 两数。

师：很会动脑筋，用连线的方法非常有序，还能清楚地让别人看出一共有几对数。【板书：连线】

师：现在没写全的和写重复的同学，思考一下自己出错的原因是什么？

生：没有顺序。

师：反思很到位，要想做到不重不漏，必须做到有序思考【板书：有序思考】。（指着前面的板书）刚才我们把3、4、5分别先放在十位上，那么个位上有两种情况，共组成六个两位数，这是一种思考的顺序；现在先用连线的方法找出一共有几对数，每对数颠倒位置后又有两种情况，共组成六个两位数，这也是一种思考的顺序。今后我们在排列数的时候，要想不重不漏，就必须按照一定的顺序进行思考。由这两种思考的顺序你还想到了什么方法？

生：把3、4、5分别放在个位上，十位上有两种情况，共组成六个数。

生：也可以从5开始连线，找有几对朋友。

4. 反思质疑。

师：同学们，给三个数字总可以摆出6个两位数。对吗？

生：对的。

师：确定吗？有没例外？

有几个学生慢慢举手。

生：如果有0不行，0不能做十位。

师：你能举个例子吗？

生：0、1、2三个数，0在十位就变成了01、02，不是两位数。

师：你很会思考，还有其他意见吗？

生：数字如果重复。比如2、2、3就只能组成22、23、32三个数。

生：刚才咱们组成的两位数都是每个两位数都没有重复数字，所以2、2、3三个数应该组成23、32两个两位数。【板书：两位数没有重复数字】

师：你考虑问题很细致。确实咱们之前研究的都是两位数没有重复数字的，如果有重复数字，之前问题应该组成几个两位数呢？

生：九个，在六个的基础上加三个33、44、55。

师：现在大家觉得我们刚才发现的三个数字可以组成6个两位数，应该是怎样的三个数？

生：不能有0。

生：三个数不能相同。

生：组成的两位数没有重复数字。

师：不含0且不相同的三个数字可以组成6个没有重复数字的两位数。

师：现在你有什么想说的？

生：想问题要全面。

生：不能从一道题得出结论。

师：看来，思考问题一定要全面才行。

（三）反思质疑，感知异同

1. 师：还是刚才的三张卡片，（出示3、4、5三张数字卡）任意取其中两个数求和，得数会有几种可能？动手试试。

教师巡视，收集信息。展示学生作品。

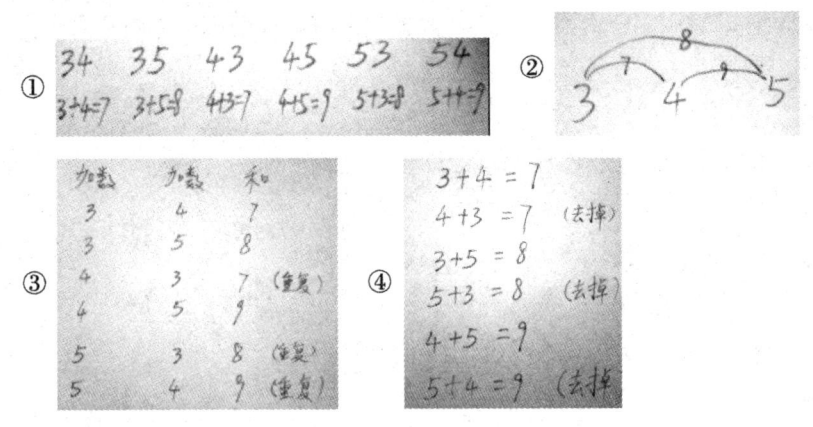

① 34 35 43 45 53 54
3+4=7 3+5=8 4+3=7 4+5=9 5+3=8 5+4=9

②

③ 加数 加数 和
3 4 7
3 5 8
4 3 7（重复）
4 5 9
5 3 8（重复）
5 4 9（重复）

④ 3+4=7
4+3=7（去掉）
3+5=8
5+3=8（去掉）
4+5=9
5+4=9（去掉）

师：从上面的作品看和应该有几种可能？

生：3种。

师：大家明明写了6个算式呀？

生：结果有重复的，只能算一种。

师：在解决这个问题时是否存在一定的顺序？

生：有，跟前面的是一样的，可以先用连线的方法找出有多少对朋友，然后再进行加法运算。

生：先固定一个数，再确定另一个数。最后再加。

生：我先把所有数写出来，再计算。

师：看来我们在解决这样的搭配问题时也要按照一定的顺序，这样就能做到不重不漏。

2. 感知排列和组合异同。

师：（指着刚才的两题）老师有一个疑问，用3个数字可以组成6个不同的两位数，用3个数字两两相加却只有3种情况，同样是3个数字，为什么结果会不一样呢？

生：组成两位数时，数字放在个位和放在十位，得到的数是不同的，也就是与数放的位置有关,而两个数相加,正着加与反着加和是一样的。

师:确实是这样,用三个数组成的两位数与数字的排列顺序有关,而两个数相加之和与两个数字的排列顺序无关。【板书:排列顺序】

3. 回顾反思,体会有序。

师:孩子们,回顾一下解决这两个问题所用的方法。

生:解决这两个问题都可以用画一画、摆一摆、写一写的方法来解决。

生:我们用连线方法,有序地找到有几对朋友,再写数或求两个数之和。

师:同学们说的都是解决问题的具体方法,解决这类问题我们首先要做到有序思考,不重不漏,然后再思考是否与排列顺序有关。

(四)巩固练习,升华体验

1. 握手问题。

同学们的表现真不错,老师很想跟你们握一下手。如果四个人每两个人握一次手,一共要握多少次呢?

2. 照相问题。

上完课之后,我要和今天发言最多的两位同学合影留念,我们三个人之间能照几张不同的三人照呢?

(五)全课小结,感悟内化

这节课你学到了什么?你的感受是什么?

二、案例解读

"搭配(一)"是二年级上册"数学广角"的内容,教材中设置了两个例题:例1,简单的排列问题(不超过三个数);例2,简单的组合问题。这部分内容在教参中建议用两课时来教,教师在教学中也往往分两课时:第一课时教排列问题,第二课时教组合问题。第一课时往往花大力气呈现解决问题的方法——调换位置法和固定法;第二课时则重点呈现学生的多种解决问题的策略与方法,课时结束后对排列与组合问题加以对比,感悟两类问题的联系与区别。而对于单元目标"初步培养学生有序、全面思考问题的意识,培养学生初步的观察、分析、推理能力,以及恰当地进行数学表达的能力"没有突破。对于"如何真正面向全体学生学习有序思考,促使思维进一步发展"往往思考甚少,而这恰恰应该是这一内容的重心。为此我做了如下工作。

1. 不断追问使有序思考明朗化。大家可以看到课例中我通过"对比3种不同的排列方式",先让学生感知后两种有一定顺序;其次,设置问题"写完

34 后，怎么想到接下去写 35 或 43 的？""接下来他会怎么放？"丰富学生对有序的真实体验；接着，在学生逐一列举出 3 组后，教师不断追问："还有吗？怎么让别人清楚地看出一共有几对朋友呢？"促使学生用连线的方法表达出自己"有序找对"的过程，积累"有序找对"的活动经验，丰富对序的体验；最后通过教师小结剖析固定法和交换位置法中存在的序，使学生体会有序思考的重要性，对排列组合的数学思想有了初步感知。这样再遇到组合问题时学生就能顺理成章地利用前面的思考方式解决问题，那么有序思考的方法就铭刻在学生心中了。

2. 有理有据促使学生有序思考。在猜学校人数环节，面对不同的结果，教师要求学生"要有理有据地把自己的思考过程说给大家听"，让学生思考如何有条理地想、有条理地说，从而在探究中丰富对序的体会。另外针对"三个数一定能组成 6 个两位数吗"这一问题，通过质疑辨析、举例验证，学生的思维不仅拓展了，而且更加有序全面、更加深刻。这样的教学不仅大大提高了教学的效率，更重要的是真正提高了学生解决问题的能力，促进了学生数学思考和解决问题的数学核心素养的提升。

（昌吉州教育教学研究中心　王爱丽）

搭配（二）

第一节　目标定位分析

"搭配（二）"是人教版三年级下册第八单元"数学广角"的内容，该部分共有三个例题：例 1，要求学生用 4 个数字（含 0）组成没有重复数字的两位数，教学稍复杂的排列问题；例 2，通过两件上衣、三件下装的搭配，感悟分步乘法计算原理；例 3，通过求 4 支球队的比赛（每两个队赛一场即单循环）次数，教学组合问题。学生在二年级上册"数学广角"的学习中已经接触了简单的搭配内容，在此基础上三年级下册继续学习相关内容。与二年级的搭配相比较，本单元内容难度稍有提升，不仅数据加大了，而且情况也更加复杂。在二年级时，主要是让学生通过具体操作、观察、猜测等活动初步感受排列组合的思想和方法，而本单元则给出了更简洁、更抽象的表达方式，旨在进一步培养学生有序、全面思考问题的能力，为学生以后学习概率奠定基础。据此，我们确定了如下的教学目标：

1. 经历寻找稍复杂事物排列数或组合数的过程，掌握简单搭配的方法，发展有序、全面思考问题的能力。

2. 经历"数学化"的过程，能用比较简洁、抽象的方式进行表达，体会分类、数形结合、符号化的思想。

3. 探索过程中体会解决问题策略的多样性，发展思维能力，增强学习数学的兴趣。

第二节 教学案例解读

一、案例

案例A：例1 稍复杂的排列问题

（一）创设情境，复习旧知

师：今天卢老师带你们去"数学城堡"里去走一走、看一看。但是这座城堡设置了重重关卡，你有信心完成这次寻宝之旅吗？（课件出示城堡动画）城堡大门是紧闭的，不过旁边贴着一张提示卡。课件出示提示卡：城堡大门密码是由1、3、5、7组成的没有重复数字的两位数。

师：你能找出所有的可能吗？你们可以摆一摆、写一写。

生汇报结果，一共有12种，13、15、17、31、35、37、51、53、57、71、73、75。

师：你是怎么想的？

生：在二年级的时候我们就学习过，先把1固定在十位，然后排个位的数；再选择3固定在十位，然后排个位的数；再选择5固定在十位然后排个位的数；再选择7固定在十位，然后排个位的数。

师：谁还能理解他的想法，再来说一说。

生：我们还可以固定个位，也可以写出12个两位数。

师：真棒，像这样按规律，有序排列，就能不重复不遗漏地写出所有密码。

（二）情景导入，探究新知

1. 导入。

师：（课件出示密码门）您已进入城堡，但又遇到了一扇门，想要再进一步，就必须先破译门锁上的密码。请看提示卡：密码是由 0、1、3、5 组成的没有重复数字的一个两位数。

以小组为单位，合作完成，同时思考下面的问题：

（1）怎样摆能保证不重不漏？

（2）你们一共摆出了几个两位数？是怎样摆的？

（3）用什么方法记录既清楚明了又不重不漏？

2. 学生以小组为单位探究，教师巡视、指导。

生反馈（上台操作展示）。在学生摆时引导学生一种一种数出来。学生摆一种，教师记录一种。

预设：十　个

　　　1　0

　　　1　3

　　　1　5

生摆完三个后，教师问：你是怎么想的？你听明白他的想法了吗？

追问：1 在十位的两位数还有吗？

师：接下来怎么摆？（学生依次摆出 30，31，35。）

问：你看懂他的摆法了吗？

学生继续摆出 50，51，53。

追问：所有的可能都摆完了吗？还有别的数吗？

生：没有了，因为 0 不能放在十位。

师：为什么十位不能为 0？

操作完后引导学生进行评价：谁来评价一下他摆得怎么样？

观察有规律排列的数，引导学生读懂其中所蕴含的规律。十位为 1 的有 3 个数，十位为 3 的有 3 个数，十位为 5 的有 3 个数，让人很清楚地数出有 9 种搭配方法。（让学生自己总结出来，是按什么顺序排的。）

师：你还有别的方法吗？

生：我还可以固定个位，也可以写出 9 个数分别是：10、30、50、31、51、13、53、15、35。

【板书：固定法】
固定十位： 10 30 50　　　固定个位： 10 31 13 15
　　　　　13 31 51　　　　　　　　30 51 53 35
　　　　　15 35 53　　　　　　　　50

3. 对比探究，加深理解。

将两次破译密码的结果出示在课件上，师追问：两次都是用4个数组成两位数，结果有什么不同呢？

生：因为第二次破译密码时，里面有0，0不能做最高位，所以组成两位数的个数会少。

4. 师小结：今天同学们排列的时候采用了固定法，做到了有序搭配，不重复和不遗漏，这样才能又快又准确地找出所有结果。

三、巩固练习，运用新知

1. 课件出示：恭喜你，离成功又进了一步。

师：哎呀，还有一扇门啊！幸好有提示卡在。这扇门的密码是由0、2、4、6组成的没有重复数字的两位数。你能用我们刚刚所学的知识找出密码的所有可能吗？请你独立思考，在练习本上写下来。

展示学生作品。请学生说想法。

2. 课件出示：您已顺利进入房间！请看桌上摆着的四本书，《数字的奥秘》这本书的位置不变，其他书可以任意交换摆放位置，只有一种摆放顺序能开启机关，获得宝箱。

师：你看懂规则了吗？

引导学生读懂题意。

师：同桌交流想法，把你们的结果记录在练习本上。

展示学生作品，请学生说想法。

3. 课件出示：宝箱已为你准备好！提示卡：密码是由2、5、7、9组成的没有重复数字的两位数，并且个位是单数。

师：有个特殊条件，你发现了吗？

生：个位是单数。

师：请在练习本上写下来。之后请一个同学到黑板上写。

预设：固定十位法　　　　　固定个位法
　　　25　27　29　　　　　25　75　95
　　　57　59　　　　　　　27　57　97
　　　75　79　　　　　　　29　59　79
　　　95　97

师小结：我们先用"固定法"固定十位或个位数，写出所有的数，再排除个位是双数的两位数。按顺序排列，可以固定其中一位，再去排其他位置。

案例B：例2　搭配问题[①]

（一）生活情境，激发兴趣

师：同学们，你们每天早上起床以后都要穿衣服，吃饭，走路，在这个过程当中，有没有数学问题呢？生活中处处有数学，今天老师就和大家一起研究这些事情中的数学问题。

教师展示服装图，随意无序地贴在黑板上。

师：小红有这么多件上衣和下装，请你们先猜猜，如果一件上衣搭配一件下装，最多有几种不同的搭配方法？

学生大胆猜想，并汇报自己的想法。

（二）独立思考，尝试搭配

请同学们拿出刚才发的图片，想想用一件上衣搭配一件下装可以怎么搭配？用你喜欢的方式把搭配的过程记录下来。

（三）汇报讨论，探究规律

1. 汇报结果，交流方法。

展示3种、4种、5种、6种、7种的搭配方法，讨论到底有几种不同的搭配方法。

2. 制订标准，探究规律。

师：咦，我就不明白，你们都认为6种的搭法是正确的，那3种的、4种的或者5种的怎么就不行呢？为什么有的同学能搭得又快又正确？

师：老师请一个小朋友上来搭一搭。

[①] 本案例授课教师为福州教育学院附属第一小学郭慧榕。

师：同学们，你们看，他一会儿拿红衣，一会儿拿红裙，拿蓝裙，拿黄衣，拿着拿着就乱了，拿糊涂了。我的问题就出现了，大家先静静地想，同样的时间，同样的信息，为什么有的小朋友拿着拿着就乱了，我们怎么样从乱到全了呢？这是我们今天要好好研究的一个重要问题。

师：（展示 6 种）看这个，大家都比较赞赏的，这种方法全不全，看来，大家觉得这样搭不多也不少，是全的。那我们一起来把搭全的这些搭法读一读。（师生配合读，师读上衣、生读下装。）

师：读着读着，你发现了什么？发现他是怎么拿的？

生：有顺序。

师：看来，搭配的秘密被你们发现了，要想从乱到全，我们在搭配的时候得按照一定的顺序搭。那就请你们有序地搭一搭，并用自己喜欢的方式把搭配的过程展示出来。

学生尝试用自己的方式进行服装的搭配。

3. 引发思考，渗透符号化思想。

（1）用文字表达。（略）

（2）用图形表达（展示画服装图的方法）。

师：他用了画图的方法（展示该同学画的衣服和裤子图），同学们，画图也是一个很好的方法，有没有画得不一样的？

（展示画简单图形的方法）

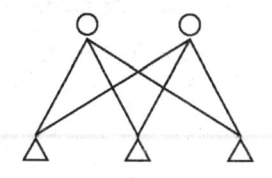

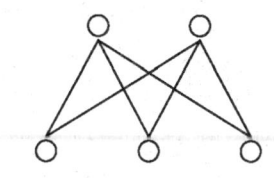

师：这个图你们看明白了吗？圆表示什么？三角形表示什么？

师：还有个同学是这么画的，你们觉得怎么样？你有什么想法？

（3）符号表达。

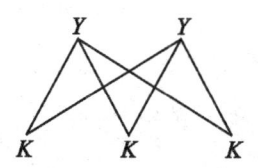

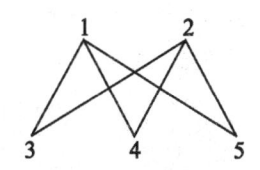

师：我们班的小朋友不仅用图形还用了字母、数学符号等来表示服装搭

配，观察这些表示的方法，你有什么话要说？

师小结：你们看，把复杂的事情用图形来表示简单不简单？看来，这么复杂的事情，大家用了图形、字母等符号来表示，再连上线，显得特别简单，让人一看就明白。

4．迁移拓展，发散思维。

（1）早餐的搭配。

（2）路线的搭配。

（四）反思总结

案例C：例3　简单的组合问题

（一）创设情境，导入新课

师：同学们喜欢打乒乓球吗？喜欢打乒乓球的同学举手。

师：老师也很喜欢打乒乓球。（教师随机和举手的同学握手。）

师：谁观察到，我刚才和几位同学握手了呢？

生：老师和3位同学握手了。

生：我觉得有4位。

生：5位。

生：我觉得有6位。

师：现在公布答案啦，请和老师握手的同学起立。

师：猜3位、4位的同学你们说一说，你们数的时候把谁遗漏了？

师：猜6位的同学你们说一说，你们数的时候把谁数了2遍？

老师和一组同学有序地握手。

师：这次老师和几人握手了？

生：老师这次和6位同学握手了。

师：你们都同意吗？这次大家怎么数得这么准确？

生：这次我们认真观察了。

生：老师和这组同学有顺序地握手了。

师：这次同学们观察得非常认真，看来"有序"的确是个好方法，思考问题时我们做到有序思考，可以做到不重复、不遗漏。

【板书：有序　不重复　不遗漏】

（二）合作探究，解决问题

1. 出示例题，理解题意。

课件出示：羊村要举行一次乒乓球单打比赛，共有四位选手参赛，分别是喜羊羊、美羊羊、懒羊羊、沸羊羊，他们每2人要比一场，一共要比几场呢？（出示例题的同时，在黑板上出示4位选手的图片。）

师：什么是单打比赛？

生：就是由两位选手进行比赛。

师：每2人要比一场，是什么意思呢？

生：每人都要和其他选手进行一次比赛。

2. 引发猜想，探究方法。

师：大家猜一猜，喜羊羊、美羊羊、懒羊羊、沸羊羊，他们每2人要比一场，一共要比几场呢？

生：可能要比5场。

生：我猜可能要比6场。

生：我猜可能要比7场。

生：我猜可能要比10场。

师：大家的意见都不统一怎么办？你有没有一个好办法来验证你的结果是不是正确的呢？

生：我可以把所有比赛场次都写出来。

生：我可以用4位选手的图片摆一摆。

生：我还可以用连线的方法。

3. 探究学习，验证猜想。

（1）师：请同学们用刚才大家说过的方法来摆一摆、画一画、写一写，也可以同桌商量、讨论，用自己的方法来验证自己的结论，说服其他同学吧。

（2）学生进行探究学习。

（3）调查学习后的结果，请不同结果的同学上前展示方法。

生：我找到有6场比赛，分别是，

①喜羊羊和美羊羊；②美羊羊和懒羊羊；③懒羊羊和沸羊羊；④喜羊羊和懒羊羊；⑤喜羊羊和沸羊羊；⑥美羊羊和沸羊羊。

生：我可以用摆一摆的方法（边摆卡片边说），

①喜羊羊和美羊羊；②喜羊羊和懒羊羊；③喜羊羊和沸羊羊；④美羊羊和懒羊羊；⑤美羊羊和沸羊羊；⑥懒羊羊和沸羊羊。

师：你还有其他方法吗？

生：我还可以用连一连的方法（学生上黑板用图片连，边连边说）。

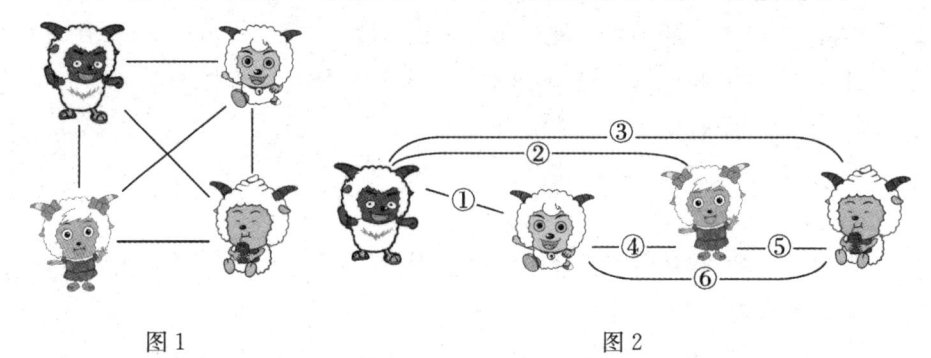

图1　　　　　　　　　　　图2

4. 比较方法，感悟有序思考。

师：说一说，你更喜欢谁说的方法呢？他为什么说得好？

生：第二个说得好，因为这样有顺序，我们看得比较清楚，有顺序就不会遗漏，也不会重复了。

生：我喜欢连线的方法，连线的时候，也很有序，而且这种表示方法很简洁，我们也看得很清楚。

师：那你能用语言把他连出的6场比赛再说一说吗？

师：刚才大家用了摆一摆、连线的方法，都认为有6场比赛。证明刚才认为6场比赛的同学猜对了。我们还发现连线的方法更加简洁、直观。

5. 多种方式表达。

（1）师：你能把这6场比赛，用你喜欢的方式以最快的速度记录下来吗？（在练习本上写一写，给2分钟时间。）

（2）展示记录结果。

生：我是将他们的名字写下来，然后一场一场比赛写下来，我还没写完。

生：我用1、2、3、4分别表示他们，然后用①1和2，②1和3，③1和4，④2和3，⑤2和4，⑥3和4记录，速度挺快的。

生：我还可以用字母表示每一个选手，而且我用了连线法（上黑板展示，在动物图片上面覆盖字母卡片）。

师：大家的方法都很有创意呀，请同学们自己为记录法起名字（文字记录法、图形记录法、数字记录法、字母记录法）。

师：这么多记录的方法，你们喜欢哪种呢？

生：我喜欢数字记录法，文字记录写字太慢、太麻烦了。

生：我喜欢字母记录法，也很简洁，而且用连线的方法，很快也很清晰。

（3）教师进行小结。

同学们，像刚才解决问题时，大家按照一定的顺序思考问题，这样比较清晰，不会出现重复、遗漏的现象。在记录的时候，可以采用字母、数字及符号的表达方式，这样更加简洁、方便。

（三）运用方法，解决问题

1. 师：比赛结束了，喜羊羊、懒羊羊、美羊羊、沸羊羊及村长他们5人，每2人通一次电话，一共要通多少次电话？你能运用刚才学到的方法来解决这个问题吗？（学生独立完成，并展示不同的方法。）

师：为什么增加了一个人，会多了4通电话呢？

2. 师：比赛胜利后，同学们会用什么方式庆祝呢？

生：击掌、拥抱、欢呼……

师：第一排有6人，他们每2人击一次掌，今天要击几次掌呢？

（四）课堂小结

师：在今天的学习中，大家都表现得非常棒，谁来说说今天你有什么收获？

生：我会安排比赛场次了。

师：你会怎样安排呢？

生：我会按照一定的顺序，将所有的比赛场次都安排上，保证做到不重复、不遗漏。

师：对，有序思考，就能做到不重复也不遗漏，就能找到全部的结果。

生：我还知道生活中很多事情也可以用这种方法解决。

师：你给大家说一说。

生：如握手、打电话等。

二、案例解读

"排列与组合"是组合数学的基础，如前所述在生活中应用比较广泛。所以，本单元的教材主要通过现实生活中的生动素材引入新知，使抽象的数学知识具有丰富的现实背景，努力为学生数学学习提供活泼的材料与环境。3个例题都呈现了多种解决问题的方法和策略，体现了数形结合、符号化、分类讨论、有序等数学思想。这些内容都比较抽象，为了帮助学生更好地感悟和体会这些数学思想，教材呈现了让学生动手写一写（如例 1 固定十位数按顺序写一写）、画一画（如例 2 用画图形表示搭配）、连一连（如例 3 用连线找出有多少种比赛情况）等活动，学习如何展示思维过程和思考结果。这样的编排一方面能帮助学生学会用更简洁的方式表达思考过程和解决问题的结果，体会并进而理解抽象的数学方法；另一方面也能更好地帮助学生在活动中体会有序、全面思考的分类讨论方法，进而培养学生有序、全面思考问题的能力。

从案例 A 例 1 的教学中我们可以看到，找到简单事物的排列数，要做到有序就要采用"固定法"。其次，在学生的体验感悟中总结出从最小数字有序思考的方法。如选一个数字写在十位上；先写 1 再写 3、5；十位上写 1 后，个位上可以依次写 0、3、5；体现从最小的数字有序思考的方法。

从案例 B 例 2 的教学中我们可以看到：感悟有序的思考方法、向学生渗透符号化的思想是本节课的教学目标之一，也是本节课的教学重点。为了达成这一目标，教师首先放手让学生用自己喜欢的方式对上装与裙子进行搭配，学生搭配出 3 种、4 种、5 种、6 种、7 种不同的结果。在此基础上，教师引导学生上台演示，并根据不同的演示方法引导学生对怎样搭才能"搭全"进行讨论，此问题意在把学生从仅仅关注答案引导到关注寻找答案的过程上，从而生成丰富的教学资源。通过讨论让学生自己发现搭配应讲究有序，才能够保证不重复、不遗漏，感悟有序是一种科学的学习方法。

接着老师鼓励学生把自己的搭配过程大胆地表达出来，并抓住课堂生成的有效教学资源及时向学生渗透符号化思想。教师在学生独立操作后，展示了用不同搭配方式的作品：有用文字"红衣配红裙……"来表达的；有用图形语言"用圆圈表示上衣、用三角形表示裤子"来表达的；还有用符号语言的"1、2、3、4、5"分别表示各种上衣和裤子的；还有的用字母 Y 表示衣服、用字母 K 表示裤子的。通过展示和对比，让学生感受符号化的好处，有了这样的感悟，在后续的解决生活中早餐、路线的问题时学生就能主动地尝试用符号化的方式去思考并解决问题了。

而案例 C 例 3 的教学没有把重点放在算式及抽象的建模中，而是把重点放在探究方法及对有序思考、符号化的数学思想的渗透感悟中，教学过程呈现了以下几个特点。

1. 创设熟悉的活动情境，经历知识的形成过程。学生在二年级上册已经学习了关于生活中搭配的有关知识，教师创设了学生熟悉的生活情境，小动物在比赛，在比赛场次安排中感受数学在生活中的广泛应用。选取学生熟悉的内容，易于学生把握问题结构，借助生活经验理解和思考，同时使学生更好地体会数学的应用价值。

2. 借助多种学习方式，使思维活动逐步走向深入。首先，组合是比较抽象的数学知识，通过猜测，得出4人进行比赛会安排几场比赛。在课堂中采用独立思考、同伴互助、小组合作等多种形式，通过学生摆一摆、画一画、连一连、说一说来表达思考的过程，促进了学生的思考与交流，展示了多种解决问题的方法。通过问题引导，把学生从仅仅关注答案引导到关注找答案的过程上。

3. 数形结合，用符号化的呈现形式凸显有序、全面的思考方法。在本课的教学活动中，将比赛场次通过连线的方法，将每一种组合按照一定的顺序标序号，通过直观图示把抽象的思考过程呈现出来，突出了全面有序的思考方法，让学生在解决问题的过程中感受数形结合、符号化等数学思想，在提高解决问题能力的同时培养学生学习数学的兴趣和用数学方法解决问题的意识。

（昌吉市第八小学　卢承荣）

第三章 推 理

简单的推理

第一节 目标定位分析

"推理"是人教版二年级下册第九单元的内容。本单元把推理的数学思想通过学生日常生活中最简单的事例以及游戏呈现出来,并运用观察、猜测等直观手段解决这些问题,使学生初步了解推理的数学思想,感受数学思想的奇妙与作用,受到数学思维的训练,逐步形成有顺序地、全面地思考问题的意识。例1通过猜书的游戏活动,让学生体验推理的过程,理解推理的含义,即根据已知条件推出结论,同时初步获得一些简单推理的经验。通过对教材的分析与解读,我们不难看出,本节课教学的重点是借助生活中简单的事件,通过观察、猜测等活动,初步理解逻辑推理的含义;难点是经历简单推理的过程,按一定方式整理信息,让学生学会有序地、全面地思考问题,培养学生有条理地进行数学表达的能力。为此我们设置了如下的教学目标:

1. 通过观察、猜测等活动,经历简单的推理过程,理解逻辑推理的含义;初步获得一些简单的推理经验。

2. 借助连线、列表等方式整理信息,并按一定的方法进行推理。

3. 在简单的推理过程中,培养初步的观察、分析、推理和有条理地进行数学表达的能力。

4. 感受推理在生活中的广泛运用,初步培养有顺序、全面思考问题的意识。

第二节 教学案例解读

一、案例

(一)游戏导入,唤起生成

1. "随意"猜。

师：孩子们，喜欢玩游戏吗？

师：那我们就来玩一个猜一猜的游戏吧。请看大屏幕。

师：熊大、熊二和大家捉迷藏，他们分别藏在光头强家左右两边的树后面，大家猜一猜他们分别藏在哪一边？

2．"确定"猜。

师：答案都不一样，能确定吗？

生：不能。

师：为什么不能确定？

生：题目什么条件都没有告诉我们。

师：光头强给你们一个提示，看（课件出示：左边的不是熊大）。

师：现在谁来猜？

师：你是怎么想的？

师：你是根据提示来猜。真会思考。谁也想猜？

师：你的答案和他一样。你也说说你是怎么想的。

师：你也是根据提示来猜。真棒。

师：其他小朋友想法和他们一样吗？

（二）总结经验，引出课题

师：孩子们，刚才我们在做猜一猜的游戏时要想准确猜出结果要注意什么？

师：我们在猜的时候，要根据提示也就是条件来猜。像这样根据已知条件，推出结论的过程，在数学上叫做推理。这节课我们就来学习一些简单的推理。【板书：推理】

（三）探究与解决

1．呈现问题、理解题意、分析问题。

师：大家看，游戏过后，熊大、熊二和光头强也想和我们一起学习呢。（课件出示：有语文、数学、品德与生活三本书，熊大、熊二和光头强三人各拿一本。）

师：谁来读一读？

师：从题目中你们发现了哪些信息？

生：有三本书，语文、数学、品德与生活。

生：熊大、熊二和光头强三人各拿一本。

师：他们三人各拿一本，这是什么意思呢？

师：猜一猜，他们三人各拿什么书？

师：到底他们各拿什么书呢？能确定吗？

生：不能。

师：怎么办？

生：需要提示。

师：好，熊二给你们一个提示。（课件出示熊二说的话：我拿的是语文书。）

师：现在呢？谁来猜？

师：怎么答案还是不一样？为什么刚才猜熊大熊二藏哪边时，给你们一个条件，你们就能确定，现在却不能？

生：刚才只有两个人，不是这个就是那个，现在有三个人。

师：那要怎么办？

生：再给一个提示。

师：好吧。光头强又给你们一个提示。（课件出示光头强说的话：我拿的不是数学书。）

师：现在能确定了吗？

生：能。

师：不着急，老师有一个要求，谁来读一读？（课件出示学习要求。）

生活动，师巡视指导。

2. 展示交流。

教师投影展示各种方法。

（1）语言描述法。

师：能说说你是怎么想的吗？

生：熊二拿的是语文书，那光头强和熊大拿的就是数学书和品德与生活书。光头强又说没拿数学书，他拿的肯定就是品德与生活书，剩下的熊大拿的是数学书。

师：他说的大家听得明白吗？有什么问题想问吗？

（2）连线法。

教师投影展示学生作品，并请学生说说是怎么想的。

生：把名字和书名写成两行，熊二拿的是语文书，就直接把熊二和语文书连上线；剩下的光头强和熊大就只能连数学书和品德与生活书了，光头强又说没拿数学书，那熊大拿的就是数学书了，再连上线，最后把光头强和品德与生活连上线。

师：你能在黑板上演示一下吗？（生板演。）

师：大家觉得他这个方法怎么样？

生：简洁。

师：这种方法，我们称为连线法。

（3）表格法。

师：这还有一种方法。这位同学是用画表格的方式来记录的。（投影展示：人名写一行，书名写一行。）

请学生汇报自己的想法。

师：现在谢老师把这位同学写的搬到屏幕上来，大家一起看。如果老师把书名移到这。再画上线，变成这样一张表格（师白板演示）。谁有办法把你思考的过程在这张表格上记录下来？

生：先确定熊二拿的是语文书，就在这打个钩，光头强拿的不是数学书，在这打个叉，就是品德与生活书，在这打个钩，最后剩下数学书是熊大拿的。

师：他这样记录你们看得懂吗？

师：刚刚这种方法，我们称为表格法。

3. 求同引思。

师：孩子们，对比这几种方法，刚才推理的时候，我们都是先确定了谁？为什么？

生：因为熊二说他拿的是语文书。

师：看来熊二的话是推理的关键。【板书：关键】推理时要先找到关键信息后再进行分析。【板书：分析】

师：确定了熊二，我们接着怎么做？

师小结：像这样按照一定的顺序进行思考分析在数学上称为有序思考。【板书：有序思考】

师：孩子们，如果我们只看熊二说的话，不看光头强说的话，能得出正确结论吗？所以我们在分析时还应该做到全面思考。【板书：全面思考】

师：只有这样，抓住关键信息，再经过有序全面的思考分析，我们才能最终推理出结论。【板书：结论】推理的时候，可以边阅读边思考，也可以用连线法和表格法让我们推理的过程更简洁、直观。

（三）拓展与应用

师：学了这么多有关推理的知识，老师想考考你们，愿意接受挑战吗？（课件：欢欢、乐乐和笑笑是三只可爱的小狗，乐乐比欢欢重。）

挑战1：猜名字。

师：谁来说说，从图上你知道哪些信息？

师：到底谁是欢欢，谁是乐乐，谁是笑笑，谁来猜一猜？

师：有不同想法吗？

师：有不同情况，能确定吗？

师：想要确定可以怎么办？

生：还要一个条件。

师：好，再给你们一个条件。（课件出示：笑笑是最轻的。）

师：现在你们能确定它们的名字吗？请你们自己动手用喜欢的方式解决问题，然后展示汇报。

师：为什么笑笑是最轻的这个条件一出来，情况就确定了？

师：看来这句话是我们推理的——关键。

挑战2：猜图形。

（1）指生读题。

（2）师：从题目中，你们知道了哪些信息呢？要解决的问题是什么？

（3）生活动并汇报。

生：绿色的是圆形，因为绿色露出来的是半圆，下面肯定也是半圆，黄色不是三角形就是长方形。

师：你们又答对了。不过，谢老师有一个问题，为什么这道题只要一个提示就能解决呢？

师：也就是这里有一个隐藏的提示。你们真是火眼金睛。

（四）小结与提升

师：今天这节数学课，你们有什么收获？

师：今天我们玩了好多"猜一猜"的游戏，这些都是最简单的推理。今后的学习和生活中，我们还会遇到稍复杂的推理。老师相信，只要你们善于观察、勤于思考，你们一定会利用推理解决更多的问题。

二、案例解读

推理是一种重要的数学思想，逻辑推理能力是学生数学核心素养之一，因此对于二年级学生来说，学习简单的推理是很有必要的。二年级学生在学习这一知识前就有了相应的生活经验——猜一猜，但游戏时的猜一猜只讲究结果，不注重过程与方法，带有一定的盲目性，因此本节课教学的重点应该落在让学生在解决问题的过程中，理解并体验什么是逻辑推理，并能用一定的方式（如连线、列表等）辅助推理，有条理地表述自己推理的过程。为此，在课程实施中，我们充分利用学生熟悉的素材设计如下几个活动：1. 有语文、数学、品德与生活三本书，熊大、熊二和光头强三人各拿一本，猜他们分别拿的是什么书。2. 通过比较重量判断三只可爱的小狗的名字。3. 猜测藏在信封中露出一个角的图形分别是什么图形等富有趣味性的推理活动。

通过这些活动让学生经历用不同的方式推理的过程，在这个过程中感悟解决问题方式的多样性（如语言表达、连线、列表等），学会抓住关键句，从关键处入手，有序又全面地进行思考，并能逐步学会用简洁的语言表述推理的过程。这样的教学过程，学生获得的不仅仅是知识，还获得了推理的数学思想和列表、连线等解决问题的方法，这些思想方法都将为学生的后续学习和解决问题奠定坚实的基础，这样的课堂才是真正提高学生核心素养的课堂，是生动有趣又有效的课堂。

（福州金山小学　谢冰清）

数　独

第一节　目标定位分析

"逻辑推理"是进一步学习数学的基础，也是发展学生思维能力的良好素材。例2设计了类似于数独"九宫格"的填数游戏，其目的是借助游戏的方式，呈现日常生活中最简单的事例，理解推理的知识，感受推理的作用，同时培养学生解决问题、有序思考的能力。而数独是源自18世纪瑞士的一种数学游戏，是根据9×9盘面上的已知数字，推理出所有剩余空格的数字，并满

41

足每一行、每一列、每一个粗线宫（3×3）内的数字均含1~9，使1~9每个数字在每一行、每一列和每一宫中都只出现一次，所以又称"九宫格"。这样有趣的数学游戏作为教学内容安排授课，能激发学生学习的兴趣和积极性。但课堂中如何引导学生通过观察、猜测、解决问题等活动，用简洁的语言有条理地表达推理的过程，是本节课教学的难点。在教学中，教师一方面要注意通过恰当的问题，引导学生表述清楚自己的推理过程；另一方面要把推理的教学与解决简单问题相结合，在解决问题的过程中，丰富学生解决问题的策略，落实"四能"的培养目标。据此我们设置如下教学目标：

1. 通过观察、分析等活动，用推理解决一些简单游戏中的数学问题，从而经历推理过程。

2. 在推理的过程中不断尝试、调整，学会按一定的方法进行推理，进一步体验推理的作用。

3. 在简单推理的过程中，培养观察、分析、推理和有条理地进行数学表达的能力，学会有序地、全面地思考问题。

第二节　教学案例解读

一、案例

（一）激活经验，做好铺垫

1. 出示柯南图片。

（1）师：认识他吗？喜欢他吗？为什么喜欢他？

（2）师：名侦探柯南就是靠他敏锐的观察力和严密的逻辑推理解决了一个个扑朔迷离的案件。你想成为名侦探吗？今天让我们也当当数学小侦探吧！

2. 下面的方格中只能填1~4四个数，你能很快猜出A是几吗？

| 2 | 1 | A |

| 2 | 3 | 1 | A |

师：哪一个表格中可以直接确定A是几？你发现了什么？

师小结：要想确定A是几，就得知道另外的空格里出现了三个不同的数，我们才能确定A是几，而空格越多的，我们越无法确定。

3. 在下列方格中，每行、每列都有数字1、2、3，并且每个数字在每行、每列都只能出现一次，"?"处应该是几？

1		3
	?	
		2

（1）师介绍认识行、列。

师：每一行、每一列都在哪里？（课件出示每行、每列。）

（2）怎样确定"?"是几呢？

生：发现"?"格所在的行和列中另外两个数字都不能确定是几，所以"?"格不能直接填出。

师：那我们可以先填出哪一行或哪一列的哪些数呢？

生：看第三列，填出空格的数是1；看第一行，填出空格的数是2。这样就可以确定"?"处填3。

4. 引出课题。

像这样，借助有力的信息或依据，一步一步地做出判断，推出正确的结论，这种方法在数学上称之为"推理"，这类判断推理问题叫作"逻辑推理"问题，有根有据的推理过程就是逻辑推理的过程。今天我们就一起研究稍复杂一点的逻辑推理问题。【板书课题：数独】

（二）问题导思，领悟新知

1. 动态演示，呈现问题。

教师利用课件演示，先呈现例2的文字信息，再呈现表格。

2. 理解题意，分析问题。

（1）学生读题。

（2）思考：从题目中你读懂了什么？要解决什么问题？

（3）学生交流。

生：每行、每列都有1~4这四个数，只能出现一次。B应该是几？

（三）互动互议，精讲点拨

1. 提出问题：我们怎样确定B是几呢？

3	2		
A		B	2
		3	
1			

师：B所在行和列各有数字几？（请多名学生来说说。）

生：B所在的行有2，说明B不可能是2；B所在的列有3，说明B也不可能是3。因此，B只可能是1或是4。

师：B到底是1还是4呢？能不能确定？

师：那不能确定的话，应该怎么办？

（预设）生：能不能先看A是几？

教师及时评价：这位同学有一双像柯南一样善于发现的眼睛。

2. 学生分小组讨论，教师巡视指导。

（1）出示小精灵的提示语："先看哪一个空格所在的行和列出现了三个不同的数，就能确定这个空格应填的数。"你发现了什么？在小组内说说。

师：看来我们不能直接推断出B是几，那我们换个切入点。

（2）师：哪一行或哪一列出现了哪三个不同的数？

生：A所在的行和列。

3. 小组交流后汇报，教师注意适时点拨。

（1）推理明确：A的竖列分别是1和3，A可能是几？（2或4）再看A的横行是B和2，A只能是几？

生：（课件分别出示A所在的行和列）A所在的行2，说明A不可能是2；A所在的列有1和3，说明A也不可能是1和3。所以A只能是4。

（2）师：将数字4填入表格。

3	2		
4		B	2
		3	
1			

（3）根据以上方法自主探索B是几？在小组内说说，并将数字填入表格。

（4）全班指名学生交流：说说怎样确定B是几的？

生：确定了A是4，就能确定B不可能是4，只能是1。

师：你是利用排除的方法：刚才直接推理B时发现可能是1或4，而我们已知道A是4了，B一定就是1了。【板书：排除法】

生：我们填出了A是4，那观察B所在行有2和4，再看B所在的列有3，那B一定是1。

44

师：你的方法也很合理：A 已填上 4 了，重新观察表格，去找 B 所在的行和列中的数是 2、4、3，从而确定 B 是 1。

师：这两位小柯南都非常聪明，他们都能很好地将第一次得到的结论作为已知信息进行推理得出新的结论。

师：谁还能像他们一样说说 B 是怎样填的？

4. 回顾反思。

小结：解决这类推理问题时需要注意的方法，要想确定一个数时，必须排除了其他所有数，才能确定最后一个数；当通过推理不能一次确定某个数时，要及时换个切入点，用已知条件进行推理得出结论，然后再将结论作为已知条件进行推理得出新的结论。

5. 根据刚才推理的方法，你能填出其他方格中的数吗？

（1）先独立思考完成表格，再小组交流。

（2）全班汇报，体会推理方法。

（3）师生小结，明确思路：要具有像柯南一样的敏锐观察力，先找哪一方格所在的行和列中已知的三个不同数，就能确定此方格是第四个数了，依次推理出每一个空格是几。

（四）巩固应用，内化提升

1. 基础练习。

完成教材第 110 页"做一做"。提醒学生先找出已知三个不同数的行和列，再进行推理，再次明确推理的思路。

2. 变式练习。

完成教材练习二十一第 6 题。同桌两人可以先讨论再完成，汇报时要重点说一说是怎样思考的，同时注意引导学生将不同的填法一一找出来。

（五）全课总结，畅谈收获

1. 通过这节课的学习，你有新的收获吗？

2. 对于今天的学习内容，你还有什么困惑的地方？

二、案例解读

（一）遵循学生认知规律，由简入深，循序渐进

本节课教材的呈现体现了以下几个特点：一是通过字母标识，对于解决问题的关键步骤进行了提示，降低了问题的难度；二是通过小精灵的提示，给出解决问题的关键，降低了思考难度；三是以两幅连续的学生交流图呈现

45

了完整的推理思路，突出了学生对推理过程的体验和表述。

在引入时，教师从让学生填单行猜数，到 3×3 的 9 格中填数，再到 4×4 的 16 格数独的探究，循序渐进，由浅入深。教师先让学生了解数独，介绍行、列的概念，以学生已有的经验作为本节课的教学起点，逐渐推进教学。让学生熟悉了数独游戏的规则，消除了学生对纯数学研究的恐惧，逐渐缩小了学生与数独的距离，为新课的研究奠定基础。在探究 4×4 的 16 格数独时，从问题入手："B 应该是几？"找到 B 的位置，并分析与 B 有关的信息，"但到底是 1 还是 4 呢？"发现从 B 入手不能直接确定 B 应该是几；再从 A 入手：利用课件出示 A 所在行和列，直观推理 A 应该是 4；确定了 A 后就能确定 B 不可能是 4，只能是 1。在有序思考的过程中，学生逐步明确了推理时需要注意的方法：要想确定一个数，必须排除了其他所有数，才能确定最后一个数；当通过推理不能一次确定某个数时，要及时换个切入点。让学生体验用已知条件进行推理得出结论，然后再将结论作为已知条件进行推理得出新的结论的过程，在这一解决问题的过程中，学生不断积累解决这类问题的一般思路。

（二）注重数学思维方法的渗透和学生思维能力的培养

数独游戏可以全面考验学生观察能力和推理能力，虽然玩法简单，但数字排列方式却千变万化，数独是训练头脑的绝佳方式。基于这一特点，教师根据实际情况，组织学生在读懂信息的基础上独立思考，再引导学生展开小组交流讨论，在思考和讨论的过程中，学生的思维发生碰撞，观察、假设、推理等多方面的能力进一步发展。教学过程中教师注意培养学生用简单语言叙述推理过程。但是，怎样才能突破学生推理叙述的教学难点呢？当学生遇到困惑时，教师及时出示"小精灵的提示语"，在解决问题的策略上给学生以点拨；同时教师认真解读了书中两个小朋友的那句话："A 所在的行和列已经有了……，所以 A 是……"引导学生一步步表述这一过程，从而有效简化了描述的过程，锻炼了学生用数学语言表述的能力。

（昌吉市第十小学　马占琴）

第四章 集 合

第一节 目标定位分析

"集合"是三年级上册"数学广角"第九单元的内容。集合思想是数学中最基本的思想。学生在计数和计算的学习中，已经接触过集合思想，但学生在低年级接触的更多是一一对应思想，对于两个集合间的运算，尤其是交集的体会并不多。而且，学生在学习用画图的方法解决问题时，更多的是用列举的方法画出集合所有的元素，没有将一个集合的元素圈出来的经验积累。

而本单元共有 9 个用集合思想方法解决的问题，涉及学生在生活（比赛人数、水果品种、参观人数等）和学习（按要求填数、写成语等）中经常遇到的问题，即求两个集合的并集或交集的元素个数。这一数学思想的引入为培养学生的逻辑思维能力提供了良好的素材，在今后的学习中经常运用到维恩（Venn）图表示关系，如三角形的分类、各种四边形关系等。都是让学生在体会运用之中解决实际问题，并为今后学习奠定基础。据此我们设定了如下教学目标：

1. 经历解决问题的过程，了解简单的集合知识，初步感受它的意义。

2. 学会借助维恩图，运用集合的思想方法来解决较简单的实际问题，从而感受到数学与生活之间的相互联系。

3. 培养合作学习的意识和学习的兴趣。

第二节 教学案例解读

一、案例

（一）情景引入，感受"重复"

1. 脑筋急转弯：对面走来两位爸爸和两个儿子，可是仔细一数却只有 3 个人。这是为什么？

2. 学生活动：学生猜测各种可能性，发表自己的想法。

配合学生汇报，出示课件。

师：原来是爷爷、爸爸和儿子！那为什么说是两位爸爸和两个儿子呢？原来有一个人既是爸爸，又是儿子，他一个人重复扮演了两个身份，而实际只有三个人。

3. 师揭示课题：其实，在我们的生活中，有很多这样的重复现象。今天这节课我们就一起来寻找藏在其中的数学知识！【板书：重复】

（二）引入新课

1. 出示名单，引发认知冲突。

课件出示三(1)班参赛学生名单统计表，让学生观察。

1 下面是三(1)班参加跳绳、踢毽子比赛的学生名单。

跳绳	杨明	陈东	刘红	李芳	王爱华	马超	丁旭	赵军	徐强
踢毽子	刘红	于丽	周晓	杨明	朱小东	李芳	陶伟	卢强	

2. 观察名单，验证人数。

师：仔细观察过这份报名表，你有什么发现？

生：有人两个项目都参加了。

（三）探究交流

1. 策略分析。

师：你能从表中一眼就看出有几位同学参加两项比赛吗？

借助学具（统计表格和姓名小卡片），小组合作，同学间相互交流。教师巡视，个别辅导。

2. 探究方法。

师：大家的方法真多！老师收集了一些，我们一起来看一看，评一评这些方法能不能清楚地看出总人数。

出示几种不同的作品，理解分析不同整理方法。

方法一：连线的方法，感受连线的一一对应思想。

跳绳	杨明	陈东	刘红	李芳	王爱华	马超	丁旭	赵军	徐强
踢毽子	刘红	于丽	周晓	杨明	朱小东	李芳	陶伟	卢强	

师：这种方法怎么样？

生：连线的方法能一下看出重复的人是谁。

方法二：重复的名字的对应起来放在前面，感受一一对应思想。

跳绳	杨明	刘红	李芳	陈东	王爱华	马超	丁旭	赵军	徐强
踢毽子	杨明	刘红	李芳	于丽	周晓	朱小东	陶伟	卢强	

师：那这种方法怎么样？

生：能一下看出重复的人及总人数，更直观。

方法三：

跳绳	杨明	刘红	李芳	陈东	王爱华	马超	丁旭	赵军	徐强
踢毽子				于丽	周晓	朱小东	陶伟	卢强	

师：这种方法与前面的方法有所不同，去掉了三个人，请作者本人来给大家解释吧！

生：这三个人表格里已经有了，是重复的，不能再算了。直接看表格里的人数就是总人数。

师：大家觉得这种方法怎么样？

生：不受重复人数的干扰，不容易错。

3. 体验集合的价值，感受维恩图的产生。

（1）圈出集合，初步感受集合的产生

师：用红笔把参加跳绳比赛的同学圈在一个圈里，再用蓝笔把参加踢毽子比赛的同学也圈在一个圈里。现在你看出了什么？

（2）观察维恩图雏形，感受清楚直观的特点。

跳绳	杨明	刘红	李芳	陈东	王爱华	马超	丁旭	赵军	徐强
踢毽子				于丽	周晓	朱小东	陶伟	卢强	

（3）引入维恩图（集合图），了解集合图中的各标题含义，进行填写。

师：下面我把不规则的圈变成椭圆，表示所有跳绳的同学（贴在黑板上）。把另一个不规则的圈变成另外一个椭圆，表示所有踢毽子的同学，这该怎么贴呢？

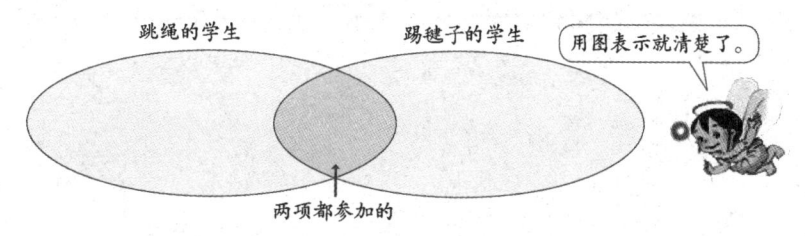

通过交流讨论，两个圈要有交叉的部分。而交叉部分表示重复的同学，也就是既参加跳绳比赛又参加踢毽子比赛的同学。

（4）介绍约翰·维恩

（课件出示）19世纪英国著名的哲学家和数学家，1881年他发明了一种图形，是用封闭的曲线表示集合及其关系。由于这个发明简洁明了、直观易懂，人们为了纪念他，便取名"维恩图"，又叫"集合图"。

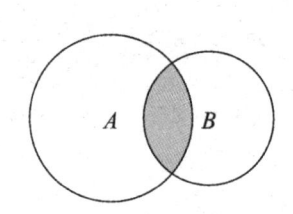

4. 辩论感悟。

师：现在用维恩图来表示各项参赛的人数，与之前的表格比较，它有哪些优点？

让学生感悟集合图能直观看出参加各项运动的人数，而且能很清楚地表示参加两项比赛的人数。

5. 据图列式，运用集合图。

师：你了解图中各部分的意义吗？

（1）课件演示各部分，使学生能比较正确地表述各部分的意义。

（2）利用数据，列式计算出该班参加比赛的人数。

指名汇报，交流反馈，对应集合图理解算式各部分的含义。

可能会出现：8+9−3＝14（人）；6+3+5＝14（人）；

8−3+9＝14（人）；9+5＝14（人）。

（四）巩固应用，建构模型

1. 基础性练习。

完成教材第105页"做一做"第1题。

指导学生把动物的序号填进合适的图中，并请学生说说集合图中各部分的意义。

2. 趣味性练习。

（1）商店两天一共进了多少种水果？

（2）你能提出其他数学问题并解答吗？

3. 拓展性练习：估计三（2）班可能有多少同学参加比赛。

师：根据学校要求，每班要选拔 9 人参加跳绳，8 人参加踢毽子比赛，你觉得三（2）班可能会选拔多少人？

小组讨论，全班分析，得出：参赛同学最多是 17 人（没有重复）；最少有 9 人（最多 8 人重复）。

（五）全课总结，呼应课题

师：今天我们认识了集合图，并用它解决了有关重复现象的数学问题。希望同学们在今后的学习中能和今天一样多观察、勤思考，探寻更多的数学奥秘。

二、案例解读

集合的思想是比较系统、抽象的数学思想，对三年级的学生来说，具有一定的挑战性。本案例我们从学生的生活经验和知识基础出发，创设问题情境让学生通过观察、操作、评价、推理、交流等活动寻找解决问题的方法，初步体会集合思想。

1. 课堂注重趣味和实效的统一。

课堂伊始，教师借助谈话引入："有两对父子，可只有 3 个人，你知道为什么吗？"由谈话转到质疑，一下子就吸引了全班学生的注意力。通过让学生互说想法，在交流中明确：爸爸因双重身份而重复出现，由此，自然而然地引出"重复问题"。

2. 以学生人数为载体，在探究过程中形成集合思想。

集合的知识是抽象的，我们教师要做的就是给这些抽象的知识披上形象直观的外衣，让学生喜欢看、看得明白，乃至看得透彻。本案例选取三（1）班参赛学生名单统计表，让学生以熟悉的参加跳绳、踢毽子比赛的人数为探究点，在探索的过程中形成对维恩图的认识。如出示表格："三（1）班参加课外跳绳比赛的有 9 名同学，参加踢毽子比赛的有 8 名同学（其中三人重复），三（1）班参加跳绳、踢毽子比赛的一共有多少名同学？"学生们有的说是 17 人的，有的说是 14 人的。教师利用矛盾请出问题：请同学们用喜欢的方式表示出来，让人一眼就能看清有多少人重复，好不好？让学生带着问题学习，让学生"讨论—填写集合圈—列式计算"，教师再次询问"你还有其他算法吗？"充分相信学生的认知潜能，让他们在老师引导下逐步探究出真正属于自己的知识。

在形成了规范的维恩图后，教师在解读维恩图的过程中，注重让学生用清晰的语言表述各个部分的意思，使学生对集合的理解更为透彻，并逐步过渡到抽象化。特别是在解读集合图时，让学生充分理解。用不同线圈表示"参加跳绳比赛"和"参加踢毽子比赛"的学生，而去掉了都参加的部分后是"只参加跳绳比赛的人数"和"只参加踢毽子比赛的人数"，多了一个字"只"，虽然只有一字之差，但是意思完全不一样。还有"既参加跳绳比赛又参加踢毽子比赛的"让学生明白这是表示 2 个小组都参加的，即重复的。因此在比较"8＋9－3"和"5＋6＋3"中的"＋3"和"－3"时，大部分学生都已理解。在这两个过程中都重视了学生阅读能力的培养，使枯燥的文字转化为图形，并对这个图形作了重点解读，从而让学生自然而然地读懂了图意，知道了维恩图丰富的内涵，并正确选择相关信息进行解题，使学生的阅读能力和解题能力得到锻炼和提高。

3. 重视对图形各部分含义的理解，感悟集合思想。

当学生列式为"9＋8－3＝14"后，让学生结合维恩图说一说求出的是哪一部分，体会两个集合的并集，再说一说这样列式的理由，体会"求两个并集的基数，就是用两个集合的基数的和减去它们的交集的基数"这一基本方法。

再如，学生列式为"8－3＝5""9＋5＝14"时。让学生说明"8－3 表示只参加踢毽子比赛的"，在维恩图上指一指是哪两部分相减，体会差集；在说明"9＋5 表示参加跳绳比赛的加上只参加踢毽子比赛的"同时，在维恩图上指一指是哪两部分相加，体会并集。

4. 教学中教师需关注的几个问题。

（1）如果学生不能画出维恩图，教师可以用讲授法让学生认识并理解。

出示维恩图让学生先独立填写，再汇报交流。同时利用多媒体课件或教具，配合学生汇报直观演示将两个集合合并的过程。

（2）教学要注意把握好知识的难度和要求，用通俗易懂的语言渗透集合思想。例如，对于集合的术语，如集合、元素、交集、并集等，并不需要让学生掌握，只要学生能用自己的语言表达和交流就可以了。教科书中出现的解决问题都是运算后的集合（并集或交集）的元素个数，让学生通过解决此类问题，了解、体会集合概念及运算的道理即可。

（3）教科书中只给出了利用维恩图表示两个集合的交集和并集的问题，没有出现三个集合的情况。如果学生在解决练习二十三第 4 题和第 6 题的时候，尝试用维恩图表示三个集合的运算，教师应给予鼓励和指导。

（昌吉市第十小学　史小翔）

第五章　鸡兔同笼

第一节　目标定位分析

"鸡兔同笼"问题是人教版四年级下册第九单元的内容。该问题是我国民间广为流传的数学趣题，最早出现在《孙子算经》中。其解法包括：列表法、假设法、方程法。由于本单元还没学习到方程法，因此，教材主要引导学生通过猜测、列表和假设等方法来逐步解决问题，培养学生猜测、有序思考及逻辑推理能力。据此我们设置了如下的教学目标：

1. 了解"鸡兔同笼"问题，感受古代数学问题的趣味性。

2. 经历自主探究解决问题的过程，体验解决问题策略的多样性。

3. 了解列表法、假设法等解决问题的方法，在解决问题的过程中培养逻辑推理能力，增强应用意识和实践能力。

第二节　教学案例解读

一、案例

（一）创设情境，导入新课

1. 情境引入。

师：（出示主题图）大约在 1500 年前，《孙子算经》中记载了这样一个有趣的问题，"今有鸡兔同笼，上有三十五头，下有九十四足，问鸡兔各几何？"

师：谁能用自己的语言描述一下这个问题？（生试说。）

师：这段话意思是，有若干只鸡兔同在一个笼子里，从上面数，有 35 个头；从下面数，有 94 只脚。问笼中鸡和兔各有几只？

这就是著名的"鸡兔同笼"问题，我们中国作为四大文明古国，除了让我们引以为豪的四大发明外，我们在数学领域的成果也是十分显著。《孙子算经》就是我们古代数学的瑰宝，"鸡兔同笼"问题就是一个非常典型的数学问题，今天我们就去研究它。【板书：鸡兔同笼问题】

师：猜猜看鸡有多少只，兔有多少只。（学生猜测并验证。）

2. 化繁为简，导入新知。

师：刚才在大家猜了好几组数据，但是经过验证都不对，什么情况下你们觉得比较容易猜对呢？

生：数字有点儿大，小一些可能能猜对。

师：看来，这么大的数字，我们猜测起来有一定困难，我们可以借助数学中"化繁为简"的方法，把复杂的问题简单化，让我们从简单问题入手吧！

【板书：化繁为简】

（二）探究交流，尝试解决问题

1. 独立思考，合作探究。

出示例1：笼子里有若干只鸡和兔。从上面数，有8个头，从下面数，有26只脚。鸡和兔各有几只？

师：请大家自由读题，你们都知道了什么信息？

生：鸡和兔一共有8个头。鸡兔一共有26条腿。求分别有几只？

师：还有补充吗？

生：鸡有2条腿，兔子有4条腿。鸡和兔一共有8个头。鸡兔一共有26条腿。求分别有几只？

师：好，大家想想该怎样解决这个问题哪？先自己思考，再把自己的想法和你的组员交流一下。

2. 层层深入，多样解题。

（1）猜测法。

师：在巡查的过程中，我发现大多数同学采用的是猜测的方法，其实猜测也是一种学习数学的方法。

师：鸡兔可能有几只？可能只有一种动物吗，为什么？（学生猜测，汇报。）

生：不可能都是鸡，因为如果都是鸡就会有16条腿，而题目中是26条腿。也不可能都是兔，因为如果都是兔就会有32条腿。

（2）列表法。

师：如何让我们的猜测更有条理，我们可以按照规律，采用列表的方法把大家汇报的记录下来。请大家翻开书104页，按照顺序列表试一试。

鸡	8	7	6	5					
兔	0	1							
脚	16	18							

师：在小组内说一说你是怎么想的。从尝试举例的过程中，你发现了什

么规律？

生1：我们先假设有8只兔这样一共就有16条腿，显然不对，再减去一只鸡，加上一个兔，这样一个一个地试，把结果列成表格，最后得出3只鸡、5只兔。

生2：但我们不是一个一个地试，这样太麻烦了，我们是2个2个地试。

师：这位同学给大家一个很好的建议，在列表尝试中，可以不用一一尝试，可以像他一样跳着尝试，会很快找到答案。

生3：我们是先按鸡兔各一半来算的，因为鸡、兔共8只，鸡、兔各4只，这样就共有24条腿，比26条腿少2条，说明兔少了1只，鸡多了1只，于是兔只有5只，鸡有3只。

师：大家的想法都正确，鸡兔的总只数不变，多一只兔子就会少一只鸡，并会增加两只脚；多一只鸡就会少一只兔子，并会少两只脚。

师：这种方法相对于猜测的方法，有什么不同？（更有条理，不重复也不遗漏。）

（3）画图法。

师：还有其他更直观、更形象的方法吗？

师：先画几个头？一个头只能配几个脚？（生：2或4。）大家动手试着一起画一画。

结合课件演示：为了有规律，我们可以1个头配2只脚，那么只有16只脚，还要添，怎样添？（生：2只2只地添。）然后，有四只脚的就是（生：兔），2只脚的就是（生：鸡）。

（4）假设法。

师：还有其他方法吗？观察上面的表格我们发现。如果8只都是鸡，或者8只都是兔，会出现什么情况？请大家在小组内讨论，讨论好了与大家交流。

（学生在讨论的过程中，教师巡视，对于有困难的小组给予指导。）

小组1：我们假设如果8只都是鸡，则一共只有16条腿，这样就比26条腿少10条腿，这是因为实际每只兔子比每只鸡多2条腿。一共多了10条腿，每只鸡比兔少2条腿（4－2＝2），需要增加兔子补回来，于是兔子就有10÷2＝5（只）。

【学生展示：假设8只都是鸡，那么兔有（26－8×2）÷（4－2）＝5（只），鸡有8－5＝3（只）。】

（教师肯定学生的答案，教师用课件结合画图法再演示一次，最需要强调的是 4－2＝2 的 2 是怎么来。）

师：刚才我们假设的全是鸡，那假设全是兔呢？在小组内交流。（引导学生结合画图来理清思路，帮助解决问题。）

小组 2：我们假设如果 8 只都是兔，则一共有 32 条腿这样就比 26 条腿多 6 条腿，这是因为实际每只鸡比每只兔子少 2 条腿。一共多了 6 条腿，于是鸡就有 6÷2＝3（只）。

【学生展示：假设 8 只都是兔，那么鸡有（4×8－26）÷（4－2）＝3（只）兔有 8－3＝5（只）。】

师：通过刚才的学习我们不难发现，假设全是鸡，就会先求出兔的只数；假设全是兔，就会先求出鸡的只数。

3. 比较四种方法。

师：猜测法、列表法、画图法、假设法，这四种方法看起来好像是一些不同的方法，那么请大家认真观察并思考，这些方法之间有什么联系呢？

师小结：不管是什么方法，我们总是抓住 26 只脚和 8 只头这两个不变的量，通过调整鸡的只数和兔的只数来找相等的关系，如果脚太多，就把兔换成鸡，每多一只鸡，脚的只数就会减少 2 只，在解决问题的过程中不管采用什么方法，其实都在进行假设，在假设的过程中只要能够抓住并发现数量之间变与不变的关系，就能找到解决问题的方法。

（三）解决问题，灵活运用

1. 解决课前出现的问题。

师：现在就用刚才学到的方法来解决《孙子算经》中的原题，你会解决吗？

（课件出示《孙子算经》中原题，学生解答并集体讲评。）

2. 解决龟鹤问题。

师：什么相当于鸡？（鹤）什么相当于兔？（龟）用鸡兔同笼方法来解决吧！

3. 新星小学"环保卫士"小分队 12 人参加植树活动。男生每人栽了 3 棵树，女生每人栽了 2 棵树，一共栽了 32 棵树。男、女生各有几人？

师：这里什么相当于头？（人数）什么相当于脚？（棵数）

（学生自觉用假设法解决问题，师生共同评价。）

（四）全课总结，畅谈收获

1. 同学们，今天我们解决了什么问题？
2. 通过今天的学习，你们有什么收获呢？

师小结：今天我们用列表、画图、列式的方法解决了鸡兔同笼的问题，这些方法有一个共同的特点，都用到了假设的思路。假设都是鸡或都是兔，所以把这种方法叫做假设法，这是解答鸡兔同笼问题的一种基本方法。

【板书：假设法】

师：今天我们研究这类"鸡兔同笼"问题，不仅仅是解决鸡和兔的问题，主要是要用今天学到的方法解决生活中相关的问题。

二、案例解读

"鸡兔同笼"问题是人教版四年级下册第九单元的内容，教材首先通过富有情趣的古代课堂，生动地引出《孙子算经》中记载的"鸡兔同笼"问题，由于原题数据比较大，不利于首次接触该类问题的学生进行探究，教材编排了例1，通过化繁为简的思想帮助学生先探索出解决这类问题的一般方法后再解决《孙子算经》中的原题。凡是教过这一内容的老师都知道，由于"鸡兔同笼"问题各数量之间的逻辑关系比较复杂，四年级的学生形象思维比较活跃，抽象思维能力比较弱，对看不见摸不着的推理过程的理解存在较大的困难，不管怎么教，学生在解决或思考同类问题时，很难马上完成解决这种问题的模型建构，尤其是"每次把兔子看成鸡，相差了几只脚呢？""总共少的脚数与每次相差的脚数有什么关系呢？""这样算出来的数表示的是鸡还是兔？"这些问题都需要结合猜测法、列表法和画图法来帮助学生进行理解与建构。

大家都知道猜测是探究解决此类问题的基础，列表法则有助于通过有序思考找到问题的答案，假设法则有利于培养学生的逻辑推理能力，切实解决此类问题的一般方法。教学时，教师要给学生充分的空间，足够的时间让他们在小组交流、合作学习的过程中将各种解决方法相互碰撞，了解不同方法的特点与各种方法之间的联系，积累解决此类问题的经验。

教学中通过观察比较几种不同解决问题的方法之间的区别与联系，让学生感悟到不管是列表法、猜想法、假设法，其实质都是在寻找鸡的只数、兔的只数和总腿数之间的等量关系，在变与不变中找到解决问题的方法，不管用什么方法，实际上都离不开假设。

（昌吉市第三小学　宋晓燕）

第六章 优 化

沏茶问题

第一节 目标定位分析

"优化"问题是人教版四年级上册第八单元"数学广角"的内容，教材中设置了三个例题：例1沏茶问题，例2烙饼问题，例3田忌赛马。虽然这三个课例呈现的是不同的生活情景，但它们却有着共同的目标："初步体会运筹学在解决实际问题中的作用，使学生体验解决问题策略的多样性，形成解决问题最优方案的意识。"这个目标可以通俗地理解成："最少资源在固定资源下如何发挥最大的价值和作用。""沏茶问题"的教学重点，可设计为：在合乎情理的前提下，用最短的时间完成最多的事情，即教学参考用书中提到的"合理""省时"。我们设置如下教学目标：

1. 通过对沏茶事例的分析，初步体会运筹学在解决实际问题中的作用。
2. 经历自主探究合理、省时的沏茶问题，体验解决问题策略的多样性，形成寻求解决问题最优方案的意识，感悟优化的数学思想。
3. 能看懂流程图，学会用流程图表示所做事情的顺序。
4. 凸显数学与生活的紧密联系，逐渐养成合理安排时间的好习惯。

第二节 教学案例解读

一、案例

（一）创设情境，导入新课

1. 谈话引入，初步感知有些事情可以"同时"做。

师：兰兰放学回到家，看见妈妈正在厨房忙着准备晚餐。妈妈请兰兰帮忙烧开水和拖地。如果你是兰兰，会怎么安排？

生1：先烧开水，再拖地。

生2：先拖地，再烧开水。

生3：先烧开水，等水开的时间里可以拖地。

讨论：大家觉得哪种安排更好？好在哪里？

生：第三种安排好，一边烧开水，一边拖地，这样比较节省时间。

师：为什么可以一边烧开水，一边拖地？

生：因为烧开水不用人守着，腾出来的时间就可以拖地。

师：一边烧开水，一边拖地，我们也可以说，烧开水的"同时"可以拖地，这样做最节省时间。【板书：同时】

2. 创设情境，揭示课题。

师：在生活中，类似这样的例子还有很多，比如烧水沏茶问题。

课件出示课本第104页例1主题图：从图上你看到了什么？

生根据图中情景说出相关信息。

生：小明家里来客人了，妈妈让小明烧壶开水给李阿姨沏茶。

生：小明想让李阿姨尽快喝上茶。

……

师：小明怎样安排才能让客人尽快喝上茶呢？今天我们一起研究这个问题。【板书课题：沏茶问题】

(二) 自主探究，解决问题

1. 呈现信息，引发思考。

师：孩子们，结合你平时的生活经验想一想，沏茶时我们需要做哪些事情？

生：洗水壶、接水、烧水、找茶杯、找茶叶、沏茶。

师根据学生回答用课件依次出示以上六个步骤及所用时间。

出示　烧水：8分钟　　洗水壶：1分钟　　洗茶杯：2分钟
　　　接水：1分钟　　找茶叶：1分钟　　沏茶：1分钟

师：小明沏茶要做这么多事，如果一件一件地做需要多长时间呢？

生：8＋1＋2＋1＋1＋1＝14（分钟）。

【板书：方案一】

课件出示：洗水壶，接水，烧水，洗茶杯，找茶叶，沏茶，1＋1＋8＋2＋1＋1＝14（分）

师：小明和妈妈都想让李阿姨尽快喝上茶，"尽快"是什么意思？

生："尽快"就是用时最短。

师：请你帮他想一想该怎么做呢？

学生说说自己的想法。

师：这么多不同的想法，用哪种想法才能帮到小明呢？

2. 合作探究，制订方案。

（1）小组合作。

师：同学们四人一组用卡片摆一摆，算一算，帮小明设计一个沏茶方案。比一比哪个小组的方案最合理！

课件出示合作建议。

想一想：沏茶过程中哪些事情可以同时做？

摆一摆：用学具摆一摆沏茶的过程。

算一算：多长时间可以沏好茶。

小组合作探究，教师巡视指导。

（2）汇报交流。

师：谁愿意展示你们的设计方案？说说你们为什么这样设计？

生用学具摆出每种方案。

【板书：方案二】

课件出示：洗水壶，接水，烧水（洗茶杯、找茶叶），沏茶，1＋1＋8＋1＝11（分）

生：烧水需要8分钟，在烧水的同时可以洗茶杯、找茶叶，这样就可以节省3分钟，只需要11分钟。

【板书：方案三】

课件出示：洗水壶，接水，烧水（洗茶杯），找茶叶，沏茶，1＋1＋8＋1＋1＝12（分）

生：烧水的同时可以洗茶杯，这样可以节省2分钟，需要12分钟。

【板书：方案四】

课件出示：洗水壶，接水，烧水（找茶叶），洗茶杯，沏茶，1＋1＋8＋2＋1＝13（分）

生：烧水的同时可以找茶叶，这样可以节省1分钟，需要13分钟。

3. 比较分析，方法优化。

（1）方法优化。

师：以上几种沏茶方案中哪个可以帮助小明？为什么？

生：方案二可以帮到小明。

生：小明想让阿姨尽快喝上茶，方案二节省的时间最多，用的时间最短，可以让阿姨尽快喝到茶。

生：方案三和方案四虽然也节省了一些时间，但都不是节省时间最多的，不能让客人在最短的时间内喝上茶。

师：同学们说得真好！方案二中，我们在烧水的同时洗茶杯、找茶叶，只计算烧水的时间，不用计算洗茶杯、找茶叶的时间，这样节省的时间最多，沏茶的时间最短，客人能在最短的时间内喝到茶。

（2）指导学生用流程图的方式表示解决问题的方案。

师结合方案二，引导学生用流程图表示沏茶步骤。

师：能同时做的事情竖着摆在一起，其他事情要有先后顺序，如果用箭头表示顺序就会更加清晰简洁。（边说边画箭头，出现流程图。）

【板书：洗水壶 → 接水 → 烧水 → 沏茶

　　　　　　　　　　　　洗茶杯

　　　　　　　　　　　　找茶叶

　　　1＋1＋8＋1＝11（分）】

师：方案中洗水壶、接水和烧水可以调换顺序吗？

生：不能调换，这三件事情是有先后顺序的。

师：洗茶杯和找茶叶这两件事情可以调换吗？

生：可以，这两件事情没有先后顺序。

（3）总结提炼。

师：想一想，为什么做同样的事情，顺序不同，所用的时间就不一样呢？

生充分发表意见。

师小结：我们在最短的时间里完成几件事情时，首先要确定哪几件事情可以同时做，还要安排好这些事情的先后顺序。

【板书：有些事情可以同时做，先后顺序要合理】

4. 介绍华罗庚。

师：华罗庚爷爷是我国著名的数学家，他就是在研究例如沏茶这样的生活问题中，最早在我国提出了数学中的"优选法"理论，宣传推广"合理安排"的思想和方法，为人们节约资源、提高效率做出了巨大贡献。如果你想了解更多有关华爷爷的生平及研究成果，可以去网上收集查阅资料。

（三）运用思想，解决问题

1. 下面这些同学的安排合理吗？谈谈你的看法。

（1）为了节省时间，小乐在公交车上看书。

（2）张华一边吃饭，一边看电视节目《学英语》。

（3）李晓亮一边弹吉他一边唱歌。

2. 说一说，生活中还有哪些事情可以通过合理安排来提高效率？

3. 完成课本第105页"做一做"第1题。

出示题目：小红感冒了，吃完药后要赶快休息。她应如何合理安排下面的事情？

找杯子倒开水	等开水变温	找感冒药	量体温
1分钟	6分钟	1分钟	5分钟

师：先独立思考，把你的方案用流程图的方式表示出来，再算一算需要多长时间。

学生活动后，汇报展示。

教师引导寻求最优方案：找杯子倒开水 → 等开水变温

量体温

找感冒药

1＋6＝7（分）

等开水变温的同时可以找量体温、感冒药，这样可以节省5＋1＝6分钟，只需要计算找杯子倒开水和等开水变温的时间就可以了，即1＋6＝7分钟。

（四）全课总结，拓展延伸

1. 师：孩子们，今天我们解决了什么问题？

生：沏茶问题。

2. 师：沏茶问题是我们生活中常见的例子，它研究的是我们在做一件事情的时候，要知道哪些事情先做，哪些事情后做，能同时做的事情要同时做，这样节省的时间比较多。通过学习，你们有什么收获？

3. （1）师出示：李强打算制订一个"早晨行动计划"，每天早晨在家要做好以下几件事情：起床穿衣3分钟，整理床铺3分钟，洗脸刷牙3分钟，吃饭6分钟，听英语10分钟。学校每天8:00上课，李强步行到学校，需要15分钟，请问每天他最晚在什么时候起床才不会迟到？请说出你的理由。

（2）引导学生用学到的思想方法解决问题。

二、案例解读

"沏茶问题"主要是让学生通过熟悉的生活情景——沏茶，思考怎样合理安排沏茶的各个环节才能让客人尽快喝上茶，尝试从"合理""省时"这一优化的角度在解决问题的多种方案中寻找最优的方案，初步体会运筹思想在实际生活中的应用，并用流程图的方式展示思考的顺序，进一步发展抽象能力和逻辑思维能力。

1. "合理"是优化的前提。"沏茶问题"主要是让学生体会如何用最短的时间完成最多的事情，也就是说能够同时做的事情尽量同时做，这就转化成为"时间重叠"的问题，只有合情合理的重叠，才能节省更多的时间，这是应用优化思想解决问题的前提。教学中，一是通过课前谈话"为什么可以一边烧开水，一边拖地"，让学生明白"烧开水的时候不用人守着，可以腾出时间来拖地"，这样的"时间重叠"是合理的，也就是说烧开水和拖地是可以同时完成的。二是在方案优化时，通过对"洗水壶、接水和烧水这三件事可以调换顺序吗？""洗茶杯和找茶叶这两件事情可以调换顺序吗？"两个问题的思考，学生明白节省时间的同时还必须使每件事情符合"顺序合理"这一原则。三是在练习设计第2题中，通过对常见生活情景中"节省时间"现象的分析，让学生学以致用，进一步明白"省时"还要以"行为合理"为原则。

2. "省时"是优化的关键。所谓"省时"，就是让学生在解决问题时经历从"策略的多样性"到"策略的优化"这样一个过程。"沏茶问题"的一个重要目标就是通过学习活动的探究让学生体验到解决问题策略的多样性，并从多样性的策略中寻找最优策略，从而发展学生的优化意识，并运用优化策略来解决一些简单的问题。因此，我们的课堂教学就应遵循策略优化过程的"顺序"。那么策略优化的体验关注点和基础是什么？我想，这就应该是产生策略的多样性。教学中，学生借助卡片，经历了自主探究的沏茶过程，四种方案的呈现表明学生体验了解决问题方法的多样性，积累了寻求解决问题最优方案的经验，为后续的策略优化提供了基础。学生在对比中发现只有方案二中同时做的事情最多，最省时，能保证客人在最短的时间内喝上茶，从而感悟到了优化的数学思想。其他方案虽然不是最优，但若没有它们的出现，"策略优化"也就无从谈起。

3. 学会用"优化思想"解决问题是落脚点。教学用书在定位本单元的教学目标时提到："凸显数学与生活的紧密联系，使学生初步形成从数学的角度发现、提出问题的能力以及分析、解决问题的能力，增强应用意识和实践能力。"也就是说，通过本节课的教学，最终要使学生学会用"优化思想"解决生活中的简单问题，合理安排时间，提高工作和生活的效率。练习设计的第 1 题："生活中还有哪些事情可以通过合理安排来提高效率？"让学生进一步体会数学与生活的密切关系；课本第 105 页"做一做"第 1 题，让学生通过小红吃药的实际问题进一步体会优化思想在现实生活中的作用；"拓展延伸"中关于"李强早晨行动计划"一题，则需要运用优化思想先算出李强完成"早晨行动计划"所需最短时间，再结合他步行到学校的时间，倒推出他不会迟到的起床最晚时间，综合考查了学生解决问题的有序性、逻辑性和全面性。

通过对"沏茶问题"的设计和教学，我更加清楚地认识到：如何安排沏茶的过程固然重要，但这只是知识技能，更重要的是让学生在探究活动中初步体会运筹学在解决生活问题中的作用，在头脑中打下优化思想的烙印，学会用优化思想解决问题，这才是学生持续发展和终身发展最需要的东西。

（昌吉市教育局教研室 郝志萍）

烙饼问题

第一节 目标定位分析

"烙饼问题"是人教版四年级上册第八单元"数学广角"第二课时的内容，也是经典的策略优化问题。这一内容的教学，重点要让学生理解烙饼时怎样安排最节省时间，体会优化思想的重要性。难点在于让学生在具体问题的解决中感悟抽象的数学思想。解决这个难点的关键就是将"做"与"思"有机结合，循序渐进地发展学生的抽象思维能力和推理能力。据此我们设置如下教学目标：

1. 通过动手操作模拟烙饼过程，初步体会优化思想在解决问题中的应用。

2. 感受解决问题策略的多样性，初步形成寻找解决问题最优化方案的意识。

3. 感受运筹思想在生活中的广泛应用，尝试用数学的方法解决实际问题。

第二节　教学案例解读

一、案例

（一）情境导入，唤醒经验

1. 创设情景。

师：我想吃煮鸡蛋，煮熟一个鸡蛋要 8 分钟，我家有 3 口人，煮熟 3 个鸡蛋需要多长时间？

生：要 24 分钟，因为煮一个鸡蛋 8 分钟，三个鸡蛋就是 24 分钟。

生：不对，3 个鸡蛋能一起煮熟，只需要 8 分钟啊！

师：同学们同意谁的观点？为什么？

生：8 分钟，同时煮鸡蛋最节约时间。

师：看来，煮鸡蛋这样的小事都要讲究策略，3 个鸡蛋"同时"煮既节约时间，又节约能源。在数学上这个方法叫做"统筹、优化"，研究这个方法的人是中国的数学家——华罗庚。

【板书：统筹、优化】

2. 课件显示：统筹优化的步骤。

第一步：从整体去考虑，创造出多种解决问题的方法，叫统筹。

第二步：从多种方法中选择最佳方案，节约资源和时间，叫优化。

师：其实统筹就是"一题多解"，优化就是"多中选优"。生活中时时要用到优化，它可以使生活变得更简单便捷。

（二）合作探究，解决问题

1. 明确问题。

师：在日常生活和实际工作中，为节省时间和能源，经常要用到优化的策略。今天我们一起来研究优化策略在"烙饼问题"中的运用。

【板书课题：烙饼问题】

师：（课件显示主题图）你能从图中获得哪些信息？题目中哪些词是解题的关键？

生：我从图中知道，一共需要烙 2 张饼，锅里每次最多只能烙 2 张饼。

师："最多"是什么意思？

生："最多"说明每次可以烙 1 张，也可以烙 2 张，但不能超过 2 张。

生：两面都要烙，烙一面要 3 分钟。

师：为什么两面烙？

生：因为只烙一面饼没有熟，烙两面的意思就是正面和反面都要烙。

生：妈妈和小红每人一张饼，她们两人要尽快吃上饼。

师："尽快"的意思是什么？

生："尽快"就是用时最少。

师：同学们真了不起，读懂了文字和图画背后的信息。

2. 探究烙"双数饼"的经验，形成策略。

（1）研究烙 2 张饼最短需要多少时间。

师出示 2 张饼和学具，问：烙 2 张饼最短需要多少时间？

生：一张一张地烙，需要 12 分钟。

紧接着教师问：仔细观察我们的工具，如果充分利用的话，还能不能缩短烙 2 张饼的时间？

生：也可以把 2 张饼同时放进去烙，需要 6 分钟。

师：刚才这位同学提到了一个关键词，是什么？这种方法行吗？具体怎么操作？

师生共同总结出"同时"和具体的操作方法。

①模拟 12 分钟烙饼。

师：接下来我们一起来体验一下烙饼。用老师的右手代替锅，用你们的双手各代替一张饼，用"嗞啦"声响一次表示用时 3 分钟，好吗？

师：12 分钟是怎么烙出来的。我与 12 分钟的同学来演一演。

教师可以示范双手为锅，学生的手的正面和反面表示 2 张饼的正面和反面，再用"嗞啦"一声表示烙熟一面的时间为 3 分钟。

师：喊了几个 3 分钟？

生：4 个 3 分钟。

师：用了多少时间？

生：12 分钟。

②模拟 6 分钟烙饼法。

师：6 分钟是怎么烙出来的？我与 6 分钟的同学来演一演。

67

师：喊了几个3分钟？

生：2个3分钟。

师：用了多少时间？

生：6分钟。

③明晰策略。

师：都是烙2张饼，为什么时间不一样？

生：一张一张地烙，锅里空了一半，既浪费了时间，又浪费了能源。

生：两张同时烙，锅里铺得满满的，即节约了时间，又节约了能源。

师：如果要先吃到饼，你会选择哪个方法？

生：当然会选择第二个方法。

师小结：通过实验，我们得到了最快烙好2张饼的经验。

师：这种烙饼的方法我们可以叫做"2张同时烙"。

【板书：2张同时烙】

（2）积累烙"双数饼"的经验。

师：同学们，由最快烙好2张饼的经验，你想到了我们还可以烙几张饼？

生：4张饼。

师：先请同学们猜一猜烙4张饼需要的时间。

生：12分钟。

师生合作演示烙4张饼的过程。

【板书：4，同时，4×3＝12（分钟）】

师：刚才我们说积累了一点经验，现在我们可以说积累了很多经验。

师：你还想到要烙几张饼？

生：6张。

师：根据刚才烙4张饼的经验，请你说出烙6张饼所用的时间。

生：18分钟。

师：理由呢？

生：经过刚才实际的操作得出来的，刚才2张饼要6分钟，4张饼要12分钟，所以6＋12＝18（分钟）。

【板书：6次，同时，6×3＝18（分钟）】

师：我们烙的这些饼数都有什么特点？你发现有什么规律吗？

生：这些饼数都是双数，都可以2张2张同时烙。

师小结：烙双数张饼时，可以2张2张地按顺序烙。

【板书：双数饼，2张2张同时烙】

3. 探究烙"单数饼"的经验，形成策略。

（1）研究烙3张饼最短需要多少时间。

①猜想。

师：不对啊！今天我们烙的饼有问题啊！难道你们家每次烙饼都是2张，4张，6张，8张，10张吗？

生：对呀！都是双数。

师：刚才，我们找到的经验，都是烙双数张饼的。这时，小红的爸爸回来了，要让他们一家3口人尽快吃上饼，最少需要烙几分钟？

生：12分钟。

②学生独立思考。

想一想：烙好3张饼，有哪些不同的烙法？

试一试：老师准备了3张圆片代替三张饼，把你想到的方法动手演示出来。

③小组合作交流。

说一说：把自己想到的方法在小组内交流。

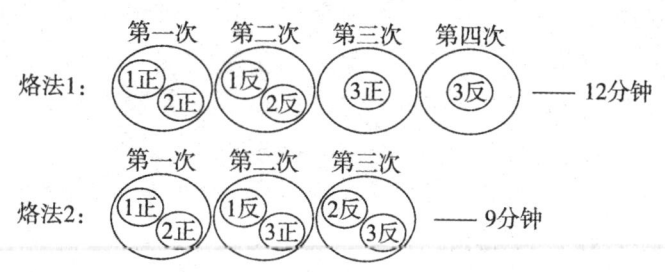

烙法1：第一次（①正/②正）第二次（①反/②反）第三次（③正）第四次（③反）—— 12分钟

烙法2：第一次（①正/②正）第二次（①反/③正）第三次（②反/③反）—— 9分钟

记一记：把每种烙饼的过程，可以填写在表格里。

④全班汇报展示。

师：哪个小组愿意上台来为大家演示你们小组的烙3张饼的方法。

生：我们烙熟3张饼用了12分钟，先烙第一张饼和第二张饼的正面，再烙它们的反面，然后再烙第三张饼的正面，最后烙第三张饼的反面，一共烙了四次，共12分钟。

生：我们这组仅用9分钟就可以把饼烙熟。先烙第一张饼和第二张饼的正面，再把第二张饼拿出去，放入第三张饼，用第三张饼的正面与第一张饼

69

的反面一起烙，最后烙第二张饼的反面和第三张饼的反面，这样一共烙了3次，共9分钟。

⑤辨析明确本质。

师：现在大家考虑一下，同样的锅，都是烙3张饼，9分钟烙法和12分钟烙法哪种更节约时间呢？

生：9分钟烙法节约时间，因为9分钟烙法，每次锅里面都有2张饼，没有浪费一点锅里面的空间；而12分钟烙法，却有两次锅里面只有1张饼，锅里面有空的地方，所以时间被浪费了。

生：12分钟的这种烙法，在烙第三张饼时，因为是单独烙的，锅里不是2张饼。

生：9分钟烙法，锅里每次都是铺"满"了，时间就是最少了。

师：时间少？少在哪里了？

教师结合课件再演示一遍。

生：12分钟的烙法烙了4次，9分钟的烙法只要3次就够了。

师：为什么次数会不一样呢？

生：12分钟的烙法第3、4次，锅里有空余。

师：那你们觉得怎么烙饼最省时间？

生：只要每次总烙2个饼，锅没有空闲下来，这样所用的时间肯定就是最少的。

师：原来烙饼问题看似很简单，其实还有不同的烙法。

师小结：看来要想节约时间，就必须保证每次锅里都有2张饼，它操作的关键就是"换一张""等一等"，这种烙饼的方法叫做"交替烙饼法"，选择交替烙饼就是优选策略。

【板书：3次，交替烙，3×3=9（分钟）】

【板书：3张交替烙】

（2）积累烙单张饼数的经验。

师：接下来，又有新的挑战，请你猜一猜烙5张饼和烙7张饼所需要的时间。

生：烙5张饼需要15分钟。

师：你是怎么想的？

生：因为5张饼可以分成2张饼加3张饼，烙2张饼需要6分钟，烙3张饼需要 9 分钟，加起来就是一共需要 15 分钟。

师：你真聪明！你知道具体是怎么烙饼的吗？

生：2 张饼是同时烙的，3 张饼是交替烙的。

【板书：5 次，同时和交替烙，3×5＝15 分钟】

师：7 张饼呢？

生：2 张饼同时烙 2 次，3 张饼交替烙 1 次，总计是 21 分钟。

【板书：7 次，同时和交替烙，7×3＝21 分钟】

师：3、5、7 都是什么数？

生：单数。

师：他们的烙法有什么规律？

生：先 2 张 2 张地烙，最后 3 张交替烙。

师小结：烙单数张饼时，可以先 2 张 2 张地烙，最后 3 张用交替烙法最节省时间了。

【板书：单数饼，同时和交替烙结合】

（三）探索规律，建立模型

1. 优化 6 张饼的简洁烙法。

师：要烙 6 张饼可以选择哪种方法烙呢，说说理由。

生：2＋2＋2，每次同时烙 2 张饼，烙 3 个 6 分钟。

生：3＋3，每次交替烙 3 张饼，烙 2 个 9 分钟。

师：你们觉得谁有道理？

生：都可以啊。

师：同时烙可以，交替烙也可以。

师：如果让你来选择烙这 6 张饼，你选哪种方法？为什么？

生：同时烙，方便快捷，交替烙麻烦。

师小结：当时间和条件相同的情况，方法简便也是一种优化。至于要怎么烙饼，要在具体的情境中选择最优的方法。

2. 思考 8、9、10 张饼所需的最少时间。

师：如果现在有 8、9、10、11……张饼，你知道最少需要几分钟了吗？先独立思考再填表。

饼数（张）	烙饼的方法	烙饼的次数	所用的最少时间（分钟）
2	2张同时烙	2	2×3＝6
3	3张交替烙法	3	3×3＝9
4	2张同时烙	4	4×3＝12
5	先2张同时烙，后3张交替烙	5	5×3＝15
6	2张同时烙	6	6×3＝18
7	先2张同时烙，最后3张交替烙	7	7×3＝21
8	2张同时烙	8	8×3＝24
9	先2张同时烙，后3张交替烙	9	9×3＝27
10	2张同时烙	10	10×3＝30
11	先2张同时烙，后3张交替烙	11	11×3＝33
……	……	……	……

3. 建立数学模型。

师：现在请大家观察板书，你有什么发现？

生：有几张饼就烙了几次，饼数等于烙饼的次数。

生：每增加（减少）1张饼，时间就增加（减少）3分钟。

生：烙饼所需的时间＝烙饼张数×烙每面饼的时间。

【板书：烙饼所需时间＝烙饼张数×烙每面饼时间】

师：这就是规律，大家观察得真仔细。

师：现在我们能不能算烙15、20饼的最少时间？如果咱们班每个同学烙一张饼，最少需要多少时间？

生：能。45分钟、60分钟、150分钟。

师：如果有n张饼呢？

生：需要3n分钟。

师：这就是"以此类推"，在数学上可以用省略号表示。

【教师板书：省略号】

师：我们能够顺着推，可以反推吗？

生：可以。

师：6张饼？

生：18分钟。

师：2张饼？

生：6分钟。

师：1张饼？

生：3分钟。

师：1张饼3分钟，行吗？

生（笑）：不行。

师：为什么不行？

生：锅里空了1张饼的位置，需要烙2面，需要6分钟。

师小结：1张饼在这里是一个特殊的事例。一切规律都是在充分利用现有资源的情况下成立的。在今天我们研究的烙饼问题里，这里的"2"就是资源数，"1"比资源数小，规律对它就不适合。所以刚才大家总结的规律，规律都是在大于资源数的情况下成立的。

【板书：烙饼张数（1张除外）×烙每面饼的时间＝烙饼所需时间】

4．生活常识。

师：有没有只需要3分钟就能够把饼烙好的工具呢？

生：有，现代发明的新式锅——电饼铛。

课件出示电饼铛。

师：如果改变了烙饼的工具（环境或者条件），同样也是一种优化。

（四）联系生活，拓展应用

师："烙饼问题"在我们的生活中经常会遇到，小东在玩游戏的时候遇到了问题，大家来帮帮他吧！

1．下面有三名同学要去量身高、验视力，每项检查都要3分钟，他们至少要用多长时间才能做完这些检查？

师：这个题目和我们学过的"烙饼问题"有联系吗？

生：可以把医生看成"锅"，学生看成"饼"。

师：怎样检查所用的时间肯定最少？

生：只要每个检查没有人闲着，就是节省时间的最有效方法。

2．教材第105页的"做一做"第2题。

一种电脑小游戏，玩一局要5分钟，可以单人玩也可以双人玩。小东、爸爸和妈妈一起玩，每人玩两局至少需要多少分钟？

（五）全课总结，内化知识

师：这节课我们一起研究了烙饼问题，大家有什么收获？也可以找一找

73

生活中还有哪些问题可以用今天所学的知识来解决？

师小结："烙饼问题"在我们生活中有很多，它告诉我们合理安排事情不仅能使我们的生活更有规律，还能节约时间，提高效率。

二、案例解读

"烙饼问题"是很贴近生活的问题。本案例就是要将来源于生活中的问题，建立成数学模型，从现实生活到数学模型，再从数学模型回到现实生活。

（一）积累活动经验，营造实践感悟的时空

1. 暴露、激活原有经验。从生活经验来看，学生知道烙饼要一面一面烙。从知识角度来看，学生已经在"沏茶问题"的知识学习中，积累了能"同时做的事情可以同时做，节约时间"这样的数学知识经验。所以课伊始，教师通过"煮鸡蛋"的事例，自然引出 3 个鸡蛋"同时煮"既节约时间，又节约能源，唤起学生原有数学经验，为后续教学做准备。

2. 打破课本常规，激活思维经验。按教材惯例，一般我们都会按教材编排的顺序进行教学，即先研究 1 张、2 张、3 张饼的烙法，再研究 4 张饼烙法。可经多次教学实践的观察发现，学生对 3 张饼烙法的研究是一个难点，难就难在想不到"烙饼按每一面烙"，即"交替烙饼法"，这种方法也和学生的生活经验相违背。学生即便在教师指导下勉强学会了这一方法，紧接着研究 4 张饼时，他们也会顺势把方法迁移过来而不去关注更加直观的分组研究——4 张饼（2 张同时烙）。学生的思维刚刚建立，没有巩固，接着又被打破了。我们感觉这不是在进行必要的研究，而是纯粹为了解决某个单一问题而组织的教学。

因此，我们对教学结构做了调整：在教学中设计了 2 张饼及双数张饼、3 张饼及单数张饼的实践探究活动。当学生积累了 2 张饼烙法的经验后，教师追问：如果我们用这种巧妙的方法继续进行研究的话，你认为是研究 3 张饼的烙法简单还是研究 4 张饼的烙法简单？学生经过短暂的沉默和思考后，选择研究 4 张饼的烙法，这种沉默其实是学生自身经历了一个矛盾冲突、思维斗争的过程。通过研究 4 张饼、6 张饼……双数张饼的烙法，总结双数张饼的规律形成数学活动经验。这时接着再寻找 3 张饼烙法的有效策略，学生会很快发现"2 张饼同时烙"不合适了，需要重新寻求一种新的分组方法——按"面"研究分组。另外，从"张"到"面"的研究是一种思维的转换，如何达成这种转换，是需要前面的 2 张饼的基本分组方法做支撑的。因此，先研究双数张饼是必要的，这样处理降低了题目的难度，有利于学生思考、解决问题。

3. 合作，交流，碰撞生成经验。"烙饼问题"这一内容，要让学生建立正确的表象很不容易。一要给学生提供探索的空间，独立思考、小组交流、比较方案；二是要在"悟"中明确规律：怎样省时？省时的关键是什么？所以，在探究 2 张饼和 3 张饼的烙法时，教师安排学生用自己喜欢的方式记录烙饼的过程。学生们或借助肢体，或借助学具，或借助图示，在动手操作、直观演示、汇报交流、辨析争论中，体验或发现充分利用锅的空间，使得每次锅里同时烙 2 张饼，这样最节省时间。

烙 3 张饼的最佳方法是解决烙饼问题的关键，教师先让学生猜想，学生根据烙 1 张饼和 2 张饼的经验，得出了 18 分钟、12 分钟、9 分钟等不同的时间。接着老师提出"到底哪一种方法才是最合理，最省时的呢？"的问题让学生独立思考，在学生有了自己的想法后再组织小组内的合作交流，学生带着自己的想法、观点与同伴进行思维的碰撞，在反对、欣赏、接纳的过程中不断修正自己的观点，最终在合作中不知不觉地形成了解决问题的策略，在生生碰撞中解决了问题，积累了活动的经验。

4. 借助动态操作、画图、文字表述触摸数学问题的本质，积累再生经验。在探究出 3 张饼的最佳烙法后，教师提出一个非常具有思考价值的问题："9 分钟的烙法比 12 分钟的烙法时间节约在什么地方？"对这个问题，大多数学生的回答是次数减少就节省时间了，很多老师认为问到这一步该是抓住了问题的本质，这其实是不够的。我们要结合学生的操作与表述，再次利用课件呈现这样的思维导图：让学生对两种烙法进行对比和分析，不仅让学生从次数的维度上进行考虑，而且能够更直观地从空间的维度进行更进一步的挖掘，让学生理解了时间真正减少的原因是空间上的充分利用。每次总烙 2 张饼，别让锅空着，这才是节省时间的真正本质。无论是学生在争论中运用操作展示、分类对比的方法，还是教师的示范、小结，适时借助动态操作、列表画图、文字表述加深学生对关键问题和难点问题的理解，积累再生经验都尤为重要。

(二) 揭示问题规律，"烙"出数学本质

教学时最重要一个环节就是"回头看"，在有层次的教学过程中，教师逐渐地完善表格，学生通过对烙饼的张数、烙饼的次数、最短时间的对比观察，发现规律继而总结出：烙饼的最短时间＝饼的张数（1张饼除外）×烙每面所用的时间。本环节意在渗透化归思想，化归不仅是一种重要的解题思路，也是一种最基本的思维策略。化归的基本功能是生疏化为熟悉，复杂化为简单，抽象化为直观。说到底，化归的实质就是以运动变化发展的观点，以及事物之间的相互联系、相互制约的观点看问题，善于对所要解决的问题进行变换转化，使问题得以解决。

（三）优化思想的渗透蕴含在教学的每个细节中

对6张饼的烙法的策略优化，有人认为是画蛇添足、没有必要，我认为数学教学的知识渗透应该关注每个细节，在不断的精细教学中才能慢慢达到"润物细无声"的效果。所以在教学中设计了6张饼既可以2张同时烙也可以3张交替烙的方法比较，让学生进一步明确在操作程序上烙2张饼比烙3张饼更方便一些，而且省心很多，不需要考虑取出放进，不需要考虑饼的正面反面，这也是运筹，是面对很多张双数饼时所采取的运筹策略。

"烙饼问题"是一种数学思考方法，优化思想是我们生活中经常遇到的问题。当学生建模后，还应该让学生运用优化思想，利用"烙饼问题"的模型解决生活中的实例，提高运用所学知识解决问题的能力。检查身体是生活中经常碰到的例子，学生在理解题意以后，一开始很难与刚刚学过的"烙饼问题"产生联系，这时经过教师的提醒，学生马上联想到了要把医生和学生分别看作"锅"和"饼"，运用优化思想来解决这个问题。学生通过解决实际问题进一步体会优化思想在实际生活中的作用。

（昌吉市第六小学 屈小霞）

田忌赛马

第一节 目标定位分析

人教版四年级下册"数学广角"这一单元主要是通过三个学生常见的例子让学生尝试从优化的角度在解决问题的多种方案中寻找最优的方案，初步体会运筹思想在实际生活中的应用以及对策论方法在解决问题中的运用，渗透运筹思想。运筹思想包括优化思想和对策论。例3呈现的"田忌赛马"的故事就是对策论的经典案例。这个故事学生可能已经了解，但是并不是从数学的角度去理解的。教材编者是希望通过这个故事让学生体会对策论方法在实际中的应用。教学中我们一方面，要为学生营造实践感悟的时空，实践中体验解决问题的多种策略，比较中寻求最优策略，体验中感悟优化思想，避免只有直观没有抽象，或直接阐述数学思想而疏漏体验感悟的过程；另一方面可利用图表将外化的"做"浓缩为内隐的"思"，在动手操作中提升思维活动，将行为的感知升华为理性的思维认知，使学生发展思维能力的同时理解抽象的数学思想。为此设定如下教学目标：

1. 通过简单的事例，初步体会对策论方法在解决实际问题中的应用。

2. 在活动中认识到解决问题策略的多样性，形成寻找解决问题最优方案的意识，提高解决问题的能力。

3. 感受数学在日常生活中的广泛应用，尝试用数学的方法来解决实际生活中的简单问题，初步培养应用意识和解决实际问题的能力。

第二节　教学案例解读

一、案例

（一）创设情境，导入新课

1. 出示扑克牌：今天要用扑克牌做游戏。

2. 出示游戏规则：老师这里有两组牌，红牌和黑牌各抽一张，一对一比大小。三局两胜。

3. 引导理解比赛规则。

4. 出示：红牌——10、7、5；
　　　　　黑牌——3、2、1。

5. 选哪一组容易获胜？为什么？

6. 红牌不变，黑牌改为：10、6、3。

7. 一眼看上去谁的实力更强？谁会赢？说说你是怎样想的？

（二）合作交流，探索策略

1. 黑牌有可能获胜吗？怎样才能获胜呢？先独立思考再与同桌交流。看看怎样才能把每一种对策不重复、不遗漏地表示出来。

2. 生讨论汇报，师引导学生用列表的方法呈现各种策略。

红牌		10	7	5	谁胜
黑牌	策略1				
	策略2				
	策略3				
	策略4				
	策略5				
	策略6				

3. 思考：谁获胜的机会多？黑牌有获胜的可能吗？

4. 观察、比较，说说怎样才能获胜？

5. 小结：实力稍稍落后的情况下，怎样才能做到以弱胜强？

6. 回顾：用什么方法可以找到以弱胜强的策略？

（三）及时练习

1. 出示：红牌——10、7、5；

　　　　黑牌——10、6、3。

2. 谁先出会获胜？怎样才能获胜？（必须知道对方先出的牌，根据对方的出牌情况选择自己出的牌。）

（四）田忌赛马

1. 播放《田忌赛马》的部分故事，引导学生思考：田忌将会用怎样的策略来以弱胜强？

2. 再用剩余的故事来验证学生们的思路。

（五）回顾总结

田忌赛马以弱胜强的策略是什么？

（六）联系生活解决问题

生活中有这样的例子吗？你会怎样解决？数学课中学习田忌赛马与语文课中学习田忌赛马有什么不同？

二、案例解读

从以上案例中可以看出教师在进行教学前，先对教材进行了深度的解读，在领悟教材意图的基础上，灵活地、创造性地使用教材。教学时教师没有利用教材中的例题进行教学，而是从学生课间常玩的扑克牌游戏入手，引导学生通过枚举、列表、比较等活动，自主探索出"以弱胜强"的策略，而后再引导学生自觉利用策略以及探索策略时用到的数学思想和方法自行解决问题。这样的教学设计是建立在学生生活经验的基础之上，是符合学生的认知规律的。这样的教学不仅为学生创设了通过对扑克牌比大小策略的研究感受统筹优化的数学思想，体验枚举、列表、比较择优等数学方法的时间和空间，更为学生自觉使用这些数学思想方法解决问题提供了机会，真正达到了《义务教育数学课程标准（2011年版）》对"四基"的要求——不仅让学生掌握了基本知识和基本技能（以弱胜强的策略），也让学生感悟、体会、运用了基本的数学思想（统筹优化的思想、列表枚举等方法），更让学生积累了基本的活动经验（解决问题的策略）。

（连江县琯头中心小学　李海榕）

第七章 植树问题

第一节 目标定位分析

"植树问题"是人教版五年级上册第七单元的内容,主要是通过解决现实生活中一些常见的与植树相关的实际问题,通过化繁为简、借助画图等手段让学生利用不完全归纳的方法探索并发现各种"植树问题"中所蕴含的规律,抽取出数学模型,然后再利用发现的规律来解决生活中的实际问题,在此过程中让学生感受、体会并能自觉运用与"植树问题"有关的思想方法,如化繁为简的转化思想、数形结合的思想、一一对应的思想、模型思想、推理思想等。据此我们设置了如下的教学目标:

1. 经历化繁为简、画图、猜想、验证、推理等过程,探索发现"植树问题"中所蕴涵的规律,感悟、体会并能自觉运用蕴涵于"植树问题"之中的重要数学思想和方法。

2. 能运用与"植树问题"相关的规律解决实际生活中的简单问题,提高解决问题的能力。

第二节 教学案例解读

一、案例

(一)创设情境,导入新课

1. 创设情境,理解"植树问题"中相关的要素。

(1)师:孩子们,九月底台风"鲇鱼"给福州带来了狂风暴雨,福州再次开启"看海"模式。各级部门迅速行动起来,绿化小分队也接到任务。

(2)师呈现信息:要在全长100米的小路的一边植树,每隔5米栽一棵(两端都要栽)。

(3)师:从中你获得了哪些信息呢?

(4)生汇报,师结合学生的汇报板书(总长、间隔、两端都要栽)。

(5)师:你能上来用图表示两端都要栽是怎么栽的吗?

(6)生上台展示,师小结:两端都栽,是对植树的要求。

(7)师引导学生提出问题:根据这些条件可以提什么问题?(一共要栽多

少棵树？)

（8）师：这个问题求的是什么？生：求棵数。【板书：棵数】

（9）师：你认为栽几棵树比较合适？

（学生猜可能要栽19、18、21棵等。）

（10）师设疑引出用画图的方法进行验证：一道题怎么会有这么多答案？哪个答案是对的呢？该如何验证呢？（生：画图验证。）

（11）师展示画图的过程，引导体验因为路的总长太长，画图比较麻烦：先种一棵树，隔5米，再种一棵，再隔5米，再种一棵，10米了，再种一棵，再隔5米，要画到100米，你有什么感受？（生：太麻烦了。）

2. 化繁为简，找到突破口。

（1）师：既然100米长的小路画起来太麻烦，那怎么办呢？【板书：100米，繁】

生：可以选择在10米长的小路上画一画。

（2）师：你是怎么想的？

生：因为10米比较简单，研究起来比较方便。【板书：10米，简】

（3）师：真好，这个同学提供了一条解决问题的好思路。可以先从简单的例子开始研究。简单例子还可以举哪些？

生：20米，15米，30米……

（二）实践操作，探索奥秘

1. 实践探索，引发猜想。

（1）师：好，咱们就选20米长的小路一边植树来研究，每隔5米栽一棵（两端都要栽）。一共要栽多少棵树？你们能动手画一画吗？（生动手操作。）

（2）汇报交流：师请学生上来画一画。

学生板演：

（3）观察发现规律引发猜想。

师：观察线段图，20米的路上植树时有几个间隔？【板书：间隔数】

师：4是怎么来的？

生：20÷5＝4。【板书：20÷5＝4】

师：数数看，有几棵树？【板书：5】

（引导学生观察并发现在解决20米的植树问题时棵数与间隔数之间的

关系。)

生：棵数比间隔数多1。

师：一个例子中就能得出规律吗？也许这个例子是特殊的例子呢，那怎么办呢？

生：再举几个例子。

师：你们想举几米呢？

生：25米，15米，30米。

师：为什么不举12、13、14？

生：要5的倍数。

2. 完善表格，举例验证。

(1) 师：你们选一个数据作为路的全长，通过画线段图，找找间隔数与棵数之间的关系。为了便于观察规律，我们可以把这些数据列成一张表格，那么这张表格中要呈现哪些内容？(生回答，师根据学生的思路，利用黑板上的板书形成表格。)

总长（米）	间隔（米）	线段图	间隔数（算式表示）	棵数（算式表示）

(2) 学生自选数据举例验证，并进行汇报。

(3) 师引导学生归纳两端都栽时，棵数与间隔数之间的规律。

【板书：棵数＝间隔数＋1】

3. 理清算理，感悟对应思想。

(1) 师：为什么两端都栽时棵数＝间隔数＋1呢？你们能结合刚才的探索过程，说说其中的道理吗？

(2) 生结合线段图，理解点数与间隔数之间的对应关系，理解算理。

4. 利用规律解决复杂问题。

(1) 师：通过努力，发现两端都栽时，棵数比间隔数多1。在100米的小路上植树，现在你知道要栽几棵了吗？

生：21棵。

(2) 师：怎么列式？

生：100÷5＝20，20＋1＝21。

(3) 师：为什么要加1呢？

生：棵数比间隔数多1。

（三）回顾总结，提炼思想

1. 师：同学们回过来看看，咱们刚才在解决植树的问题时经历了怎样的探索过程？

2. 师生共同回顾总结，提炼思想方法：我们在解决100米的小路上植树的问题时，因为路太长了，解决起来比较繁琐，我们是怎么解决的呢？（指着表格中的20米、15米、10米）我们从简单数据入手，通过画图【板书：画图】找到棵数与间隔数之间的规律，【板书：规律】再利用规律解决了100米这样复杂的问题。

（四）运用思想，解决问题

1. 师：孩子们，现实生活中，有时会遇到小路一端有建筑物，这时候只能一端栽一端不栽，甚至两端都有建筑物，两端都不栽，那栽的棵数与间隔数之间又会有怎样的关系呢？你能用刚才研究两端都栽的方法，找到它们的关系吗？

2. 师呈现两个例题。

（1）大象馆和猴山相距600米。绿化队要在两馆间的小路两旁栽树（两端不栽），相邻两棵树之间的距离是3米。一共要栽多少棵树？

（2）一条走廊长120米，每隔4米摆放一盆植物（一端放、一端不放）。一共要放多少盆植物？

3. 师：第（1）题种树的要求是什么？【板书：两端不栽】第（2）题呢？【板书：一端栽、一端不栽】

师：大象馆和猴山相距600米，你打算画600米研究吗？走廊120米，你又打算怎么研究？

4. 学生自觉运用化繁为简的思想，并借助画图进行研究。

5. 生汇报研究的结果。（两端都不种，间隔数比棵数多1；只种一端，间隔数和棵数是相等的。）

6. 师小结：孩子们，当你们遇到复杂的问题，知道从简单问题入手，通过画图这个好办法，找到不同情况下棵数与间隔数之间的规律，并通过规律解决了复杂的问题，这就是解决问题的好方法，今后遇到相关的问题时我们都可以沿着这样的思路去思考。

（五）全课总结，拓展延伸

1. 师：孩子们，今天我们解决了什么问题？

生：植树问题。

2. 师：其实植树问题只是生活中的一个例子，它研究的是点与线段之间的关系。树可以用点来表示，相邻两棵树之间的段数可以用线段来表示，通过学习，你们有什么收获呢？

3.（1）师呈现生活中在封闭图形上植树的问题：张伯伯准备在圆形池塘周围栽树，池塘的周长 120 米，如果每隔 10 米栽一棵，一共要栽几棵呢？

（2）引导学生用学到的方法解决问题。

二、案例解读

"植树问题"是人教版教材五年级上册"数学广角"的内容，教材中设置了三个例题：例1，在一条线段上植树（两端都栽）；例2，在一条线段上植树（两端都不栽）；例3，在一条封闭的曲线上植树。这部分内容，教师参考用书建议用4课时来教学，教师在教学中也往往分三部分来教学，第一节课教学两端都栽的情况，而后进行建模，解决生活中与此相关的问题。第二节课则在两端都栽的例题的基础上进行迁移和转化，教学两端都不栽和只栽一端的情况，而后解决生活中的实际问题，第三节课教学在封闭的图形中植树的情况。三个例题都教学完毕后，再利用练习课沟通上述问题之间的联系，解决相关的问题。凡是教过这一内容的老师都知道，不管我们怎么教，学生们总是容易将两端都栽、只栽一端、两端都不栽三种情况混淆起来，在解决问题时分不清问题是属于植树问题中的哪一种情况，算出间隔数后是该加 1 还是该减 1，或是间隔数就是所求的结果⋯⋯老师教得辛苦，学生却总是雾里看花，无法看真切，植树问题成了师生心中永远的痛。由此可见，单单让学生记住公式和模型，并不是提高学生解决问题能力的途径。那么"植树问题"到底该怎么教呢？聪明的老师一定从上面的案例中找到了答案。

以上的案例，没有把教学的重点放在机械的公式和抽象的建模上，而是把重点落在了在探索规律和建立模型的过程中感悟、运用化繁为简、数形结合的数学思想上。从案例中不难看出，教师在教学例 1 时着重引导学生体会和感悟。由于路的长度太长，解决问题就会很麻烦，为了便于学习，我们可以从简单的例子入手，通过画图等方式，在简单的例子中找到规律，再利用规律解决复杂的问题。学生在解决问题中感受到这些思想方法带来的便利，在解决例 2 和例 3 的问题时，他们就能自觉地运用这些思想方法探索规律解决问题，并且积累了相关的经验。有了这些经验的引领，当学生们拿到一道与植树问题相关的题目时，学生总能把题目中的数据转化为简单的数据，而后根据题目的要求画个简单的示意图，从图中找到规律，再利用规律去解决问题，学生们再也不用去记公式，再也不会纠结于求出间隔数后是要加 1 还是减 1 等问题上。这样的教学不仅大大提高了教学的效率，更重要的是真正提高了学生解决问题的能力，促进了学生数学思考和解决问题的数学核心素养的提升。

（福州乌山小学　黄达）

第八章 找次品

第一节 目标定位分析

"找次品"是人教版五年级下册"数学广角"第八单元的内容，主要以"找次品"这一探索性操作活动为载体，让学生在探究活动中充分地比较、观察、讨论、交流，让学生经历方法多样化和优化的过程，体验优化思想在解决问题中的应用价值。次品是指不符合质量标准的产品，次品的情况也各不相同。在这节课的学习中要找的次品就是外观完全相同，只是产品质量（即重量）有所差异，并且所有商品中只含一个次品，已知次品比正品重或轻。这节课的教学重点要把握两点：一是抓住解决"找次品"的优化本质进行探究；二是借助直观图进行抽象推理和数学表达。据此我们设置如下的教学目标：

1. 通过观察、比较、讨论、交流，探究找次品的策略，经历由多样化到优化的思维过程。

2. 简洁明了地表述自己的思考过程，学习用图形、符号等直观方式清晰、简明地表示数学思维的过程，培养逻辑思维的能力。

第二节 教学案例解读

一、案例

（一）创设情境，导入新课

1. 课前小故事。

师：今天学习"找次品"，我先给大家讲一个找次品的故事：联合利华引进了一条香皂包装生产线，结果发现这条生产线有个缺陷，常常会有盒子里没装入香皂。总不能把空盒子卖给顾客啊，他们只得请了一个学自动化的博士后设计方案来分拣空的香皂盒。博士后拉起了一个十几人的科研攻关小组，综合采用了机械、微电子、自动化、X射线探测等技术，花了几十万，成功解决了问题。每当生产线上有空香皂盒通过，两旁的探测器会检测到，并且驱动一只机械手把空皂盒推走。中国南方有个乡镇企业也买了同样的生产线，老板发现这个问题后大为光火，小工很快想出了办法，他花了90块钱在生产线旁边放了一台大功率电风扇猛吹,于是空盒都被吹走了。小工立了一功,老板很高兴,给了1000块奖金,皆大欢喜。可是在经济危机的海啸中,这个小工厂就倒闭了,而博士后研究出机械抓臂,机械抓臂"模块化"应用在更广泛的领域,博士后也一夜成名,上了各大报刊,变成了百万富翁。有智慧的人"从无处着手"到"轻松拿下"其实并不遥远,中间相隔的只是"探究的旅程"。今天的课堂中希望大家也做一个有智慧会探究的人。

2. 引入新课。

今天的数学课,我们需要研究从多个外观相同的物品中找出次品的数学问题,没有先进的机械手的帮助,你能借助我们生活中哪些常用的工具找出外观相同而质量不同的物品?【板书:找次品】

生:天平。

师:天平长什么样子?谁能到前面来用双臂来模仿一下天平的样子。

学生模仿(平衡、左低右高、右低左高)。

师:左低右高、右低左高都属于不平衡的情况,所以天平只有两种可能性,说一说天平有几种情况?

生:平衡、不平衡。

师:两种可能性,我们就可以假设它,要么平衡,要么不平衡。

【板书:天平,要么平衡,要么不平衡】

除了用文字,还可以用其他方式比如图示的方式。

【板书:　　　　】

(二)探究新知,发现规律

1. 从2个、3个物品中找次品(次品较轻)。

(1)师:天下之难事,必先作于易,我们就从2个物品开始研究吧,次品较轻。谁再来用胳膊模仿天平演示一下?

师:谁来说一说哪一瓶是次品?

生:右(左)边翘起,右(左)边较轻是次品。

师:我们称了几次?

生(齐):1次。

师:刚才出现左低右高或右低左高,都属于不平衡的情况。

(2)师:我们研究了两个物品来找次品,我们继续研究3个物品吧,猜一猜在3瓶钙片中找出次品，需要称几次？说说称的过程。

生：2次。先摆两个在天平托盘上面，如果平衡，再换一个，轻的是次品。

生：1次。先摆两个在天平托盘上面，如果不平衡，轻的是次品，如果平衡，剩下的是次品。

师：到底谁说的更有道理，我们来试一试。（请说2次的同学演示：任意拿两瓶放在天平左右两边，天平平衡）你能判断出哪瓶是次品吗？

师：一样重，天平上没有次品，那次品在哪里？

生：如果是这种情况，剩下的那一瓶就是次品。

师：太棒了，你不但关注了天平的两个托盘，你还关注了天平外。如果天平左右两边不平衡呢？你用手臂演示一下天平左高右低的情况。

生：如果是这种情况，左边高的那一瓶就是次品。

师：还有哪种可能性？

（学生立刻演示天平左低右高的情况。）

生：如果是这种情况，右边高的那一瓶就是次品。

师：大家看明白了吗？刚才这位同学任意从3瓶中拿出2瓶放在天平的左右两边，如果平衡了，次品在哪？

生（齐）：剩下的那一瓶。

师：如果天平有一边翘起呢？

生（齐）：翘起的那一瓶。

师：不管是哪一种情况，几次就可以找到次品了呀？

生（齐）：1次。

师：1次果然就可以找到次品是哪一瓶了。开始认为需要2次的同学，现在清楚了3个物品找1个次品，只需1次就能找出物品了么？

师：谁还能像刚才那位同学一样，给我们演示一下怎么1次就能找到次品了呢？

（生再次演示，老师适时强调。）

（3）师：2个物品找次品和3个物品找次品都只用称一次，想一想天平称一次最多能判断几个物品？

学生讨论、交流。

生：2个，有两个托盘。

生：3个，天平看起来有两个托盘，实际上有三个地方可以放物品，即左托盘、右托盘、天平外。所以天平称一次最多可以判断3个物品。

师："天平外的物品"，你们的想法太精妙了，巧妙地应用了天平外来找次品。举一反三，如果物品的数量比较多，可以分组用天平找次品，最多可以判断出三组物品中次品在哪一组。

2. 从8个、9个物品中找次品，次品较重。

（1）8瓶钙片里有1瓶是次品（次品重一些），假如用天平秤，至少称几次就能保证找出次品？

师：接下来多一点吧！从8个物品中找次品，大屏出示题目，请同学读题。看看有什么新问题。

生：次品较重。

生：至少是最少的。

生：能保证，是一定能找到次品。

师：你的这个"一定"用得好。

师："至少称几次就能保证找出次品"是什么意思？十把钥匙开一把锁，第一把就打开是幸运儿，最后一把打开是倒霉蛋。（学生大笑。）如：81个玻璃球，先任意拿2个，一次就称出来，那是不是"至少"呢？

生："能保证找出次品"，就是一定能找出次品，81个任意取两个，可能运气好，一次就称出次品，但运气不是总这么好，称一次并不一定保证能找出次品，"能保证"就是每一种可能的情况都要考虑。

生：一次就找出次品，不是总能发生，太具偶然性，"至少"就是指在保证一定能找出次品的各种方法中称量次数最少的那种方案。

（2）这次物品的个数多了，不能一次就称出来，在找次品之前，说一说准备分几组，怎么分。学生汇报。

每次每边放的个数	分成的份数	要称的次数
1个	8（1,1,1,1,1,1,1,1）	4
2个	8（2,2,2,2）	3
3个	8（3,3,2）	2
4个	8（4,4）	3

师：为了让所有的人都能看懂你的推理过程，你可以借鉴数学书上的方法，或者老师的图示法，也可以用其他简洁明了的文字或者图示记录找次品的推理过程。

小组合作要求：

①请四人小组每人选择一种找次品的分组方法，先独立完成。

②在合作小组内交流，说说你的推理过程。

③比较后，找出最优的方法，说说最优的背后藏着什么秘密。

小组活动开始后，捕捉一两个有价值的图示在实物展台上展示，让小组同学汇报小组记录的找次品的过程。老师补充填写表格，评价学生的记录方法。

师：小组汇报结束，我们很容易地发现分为3组找次品需要称的次数最少，再一次验证了用天平找次品最多可以判断3组物品。

师：大家再次观察表格，这4组中，每组第一次称完之后，不考虑幸运的情况，还剩几个物品。你有什么发现？

生：分成3组，第一次称之后，剩余的最少，3个或者2个。

生：剩余的，一次刚好可以称完。剩余4个需要再称2次。

师：分成3组称的次数最少，至少称2次保证能找出次品。谁再能说一说称的过程？

【板书：8（3，3，2）$\xrightarrow{\text{如果平衡}}$ 2（1，1）

8（3，3，2）$\xrightarrow{\text{如果不平衡}}$ 3（1，1，1） 称2次】

师：我们又一次验证了天平一次最多可以判断3组物品，还知道了分成三组，每称一次就排除$\frac{2}{3}$，剩余$\frac{1}{3}$继续找次品。看来把物品分成3组是最优的方案。

（3）9瓶钙片里有1瓶是次品（次品重一些），假如用天平秤，至少称几次就保证能找出次品？分3组找次品，准备怎样分，独立完成，用图示表达思维的过程。

展示学生的探究过程。

方法一：9（3，③，3）$\xrightarrow{\text{如果平衡}}$ 3（1，1，1）

9（③，3，3）$\xrightarrow{\text{如果不平衡}}$ 3（1，1，1）至少称2次

方法二：9（4,④,1）——如果平衡——→ 1为次品
　　　　9（④,4,1）——如果不平衡——→ 4（2,2）——如果不平衡——→ 2（1,1）至少称3次

师：同样分成3组，为什么9（3，3，3）至少称2次；9（4，4，1）至少称3次？比较一下，你有什么发现？

生：每次都将物品平均分成3份，所用次数最少。

师：观察得挺仔细，发现了"9平均分为（3，3，3）；第一次称就可能排除正品6个，剩余次品组3个；而9（4，4，1）第一次称，除了幸运一次称出次品的特殊情况之外，另一种情况可能排除正品5个，剩余次品组4个，还需要称两次。将物品平均分成3组，所用次数最少。

师：不能平均分怎么办？10个、11个怎么办？

生：把物品分成三组，尽量平均分。如：10（3，3，4）、11（4，4，3）。

师：好，用你们的方法试着找出10个物品中有一个次品较重的。11个呢？27个呢？用黑板上的方法记录第一次分组的情况。

【板书：10（3，3，4）　　11（4，4，3）　　27（9，9，9）】

（三）全课小结

师：通过观察、比较、讨论，我们发现了找次品的最优方法，说一说我们是如何达到最优的。

生：先列举了多种方法，在比较中发现3分法最优，还要尽可能平均分。

生：只有尽可能地平均分了，每称一次就排除$\frac{2}{3}$，剩余$\frac{1}{3}$继续找次品，所以平均分3份，方法最优。

师：今天的课堂，你们不但成功地用多种方法学会推理，找出找次品3分法最优，还在观察比较中，发现尽可能平均分成3份方法最优的原因。知其然，还知其所以然，知道事物的表面现象，还知道事物的本质及产生的原因，老师对你们真的刮目相看，你们完成了智慧的探究之旅，祝贺你们。

（四）课后作业：第115页的表格，发现有趣的规律

用天平找次品时，所测物品数目与测试次数有以下关系：（只含一个次品，已知次品比正品重或轻）在表格中，你能发现什么规律，为什么？

要辨别的物品数目	保证能找出次品需要测的次数	我们的发现
2~3	1	小于或等于 3^1
4~9	2	小于或等于 3^2
10~27	3	小于或等于 3^3
28~81	4	小于或等于 3^4
82~243	5	小于或等于 3^5
……	……	……
物品数量小于或等于 3^n，就需要测 n 次。		

要保证 6 次能测出次品，待测物品可能是 244（比 3^5 多 1）~729（3^6）。

二、案例解读

"找次品"教材中设置了两个例题：例 1，从 3 个物品中找次品；例 2，从 9 个物品中找次品。这部分内容通过教学实践，我们建议用 2 课时来教学，第一课时教学例 1 和例 2，抓住解决"找次品问题"的优化本质进行探究；第二课时通过练习进一步理解巩固找次品的问题。

教学中，我们首先从最简单的"2 个""3 个"物品中"找次品"的情形入手，唤起学生已有的学习经验。因为天平有两个托盘，所以要寻找的次品的位置无外乎三个地方，即两个托盘上、天平外。"天平称一次最多能判断 3 个物品"，即次品无论在三个位置中的哪一个，都会很快找出，这也是本节课要渗透的优化思想的本质，初步发现"把这 n 个零件分成 3 组"，这是由天平的特点决定的，学生第一次体会"三分法"的优势。

接着在例 1 的教学中我们用类比的方法，引导学生发现物品分成 3 组，每称一次，就可以判断两组不含次品，一组含有次品；而这一次学生们又一次体会到"三分法"最优的本质就是分三组。每次称量后，都把次品确定在更小的范围内，为后面的"尽可能平均分成 3 组"的更深入探索做准备。

教学例 2 时，将原先问题中的探索 9 个零件改为先探讨 8 个零件，再研究 9 个零件，主要目的是让学生理解"尽可能地将待测物品平均分成 3 组"的合理性，再用"10 个""11 个"等情形进行验证，层层递进，逐渐感知理解找次品的最优策略。在此基础上，让学生多"说过程"，通过说体会到"尽可能地将待测物品平均分成三组"的最优策略，培养逻辑思维推理能力，这一点尤其重要。

在这个案例中，老师的引导也是非常重要的，一节课的时间要完成多项任务，总是时间不够用，研究得不够透彻，这就需要教师的取舍。"让学生使用直观图或流程图，配以相应的文字说明，可以比较简洁而又清晰地表述出逻辑推理的过程，使学生逐步学会用数学化的方式表达思维过程，有意识地培养思维的条理性、逻辑性和准确性"，这个目标的落实其实是一个螺旋上升的过程，需要长期进行培养的，不可能在一节课中简而化之地落实。

在本案例中，教师注重借助板书中的直观图指导学生进行抽象推理和数学表达，允许学生借助直观学具推理、用直观图或流程图直接推理、口头叙述推理等形式，调动学生的各种感官参与学习，通过观察、操作、思考、叙述，加深学生对数学知识的内化过程。在研究 2 个物品、8 个物品找次品的过程中，分两个层次用两种不同的直观图加文字说明的方法，借助板书指导学生记录称的过程，去掉更多的干扰因素，直接关注的是探究的本质"三分法最优"。

纵观整节课，我们没有把教学的重点放在"三分法"建模上，而是把教学重点落在了探索规律和建立模型的过程中感悟多样化优化、逻辑推理的能力培养上。同时，考虑到课堂时间的限制，课例中放弃了学生对非语言化的表述的自主探究，而是通过教师示范、指导，学生直接模仿应用，化解了学生形成表述的困难，把更多的时间和精力放在多样化到优化的策略的研究上。

（昌吉市第十小学　梁芳）

第九章 数与形

第一节 目标定位分析

"数形结合"是数学中的一种重要的思想方法，它其实是将抽象的数学语言与直观的图像结合起来，使代数问题几何化、几何问题代数化，为问题解决提供简洁明快的途径。不要小看这个转化，对于学生而言，其对学习的辅助意义非凡。有些情况，是图形中隐含着数的规律，可利用数的规律来解决图形的问题；而有些情况，是利用图形来直观地解释一些比较抽象的数学原理与事实，让人一目了然；还有的时候，数与形密不可分，可用"数"来解决"形"的问题，也可用"形"来解决"数"的问题。

人教版六年级上册第八单元的"数学广角"，就编排了一个全新的内容——"数与形"，这一内容的教学，重点是要让学生自主探索图形中隐藏着的数的规律，会利用图形解决一些有关数的问题，并学会应用所发现的规律。难点是体会和掌握数形结合、归纳推理、极限等基本的数学思想。如何让学生感受到数形结合的好处呢？一方面，要给学生提供充足的时间和空间，放手让学生观察、探究，多次安排学生从图形中找数，为学生理解数形结合奠定基础；另一方面，要指导学生借助已有的知识经验和素材进一步感受图形的直观特点和数的精准的特点，进一步理解体会数形结合的好处。据此我们设置了如下教学目标：

1. 在探究图形和数的问题中，发现数与形之间的联系，体会数形互助解决问题的方法。

2. 在观察、发现、猜想、推理等数学活动中，积累数形结合思考问题的经验，渗透归纳推理和极限思想。

3. 体会数形结合思想在学习和生活中的广泛应用，感受数形结合的价值，初步形成数形结合的意识。

第二节 教学案例解读

一、案例

（一）谈话导入

师：同学们，一提到数学你们就会想到什么？

生1：我会想到数，如0、1、2、3等自然数，0.1、2.5等小数。

生2：我会想到"加、减、乘、除"等运算符号。

生3：我会想到如何进行运算、有趣的数学问题等。

生4：我会想到三角形、长方形、正方形、平行四边形等几何图形。

师：如果把同学们说的这些知识进行分类，可以分成两类。一类是由数、运算符号、运算方法组成的"数"；另一类是由点、线、面、体组成"形"。"数"和"形"是数学研究的两大类对象。"数"和"形"有没有关系呢？

生1：有关系，如圆这个图形和 π 有关系。

生2：我没有想过这个事情。

师：大多数同学没有想过"数"与"形"之间的关系，今天我们就来研究。【板书：数与形】

(二) 体会形中有数，数中有形

1. 例1教学。

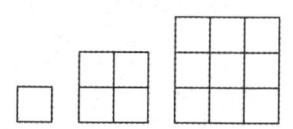

师：你发现图形的规律了吗？（学生观察）按照规律第四个图形应该是什么样子的？

生：如果把每个小正方形的边长看作是"1"，第四个图形应该是边长为4的大正方形。

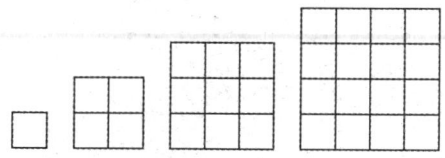

师：你能用数或式子表达你发现的规律吗？

（学生思考、表达、汇报。）【板书：规律一　1、4、9、16】

师：你能明白每个数表示的意思吗？

生：第一个有1个正方形，第二个有4个正方形，第三个有9个正方形，第四个有16个正方形。

【板书：规律二　1×1、2×2、3×3、4×4】

95

师：这些算式是什么意思？

生：1是边长，1×1是第一个图形的面积；2×2、3×3、4×4分别表示图形的面积。

【板书：规律三　1、1＋3、1＋3＋5、1＋3＋5＋7】

师：什么意思？

学生解释算式中每个数字在图形中的位置。如下图：

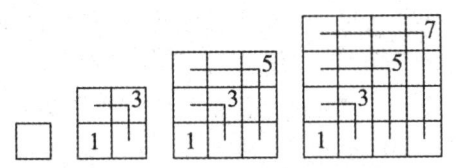

生：第一幅图用1表示1个正方形，第二幅图表示1＋3个正方形，第三幅图表示1＋3＋5个正方形，第四幅图表示1＋3＋5＋7个正方形。

师：同一个图形，观察出的规律不一样，每个规律是从什么角度观察的？

生：规律一观察的是图形中小正方形的总个数，规律二观察的是图形的边长与面积的关系，规律三反映的是围绕左下角的正方形，外圈的正方形数逐渐增加。

师：虽然观察角度不同，但是我们都能从图形中找到算式中的数。

2. 算式1＋3＋5＋7＋9＋11＋13对应的图形。

师：如果沿着"1＋3＋5＋7"这个规律继续往下想，1＋3＋5＋7＋9＋11＋13这个式子对应的图形是什么样子？

生：我是用数的方法。一共7个数相加，所以边长是7。

师：谁理解他的意思了，到图形上给大家数一数，7指的是哪？（学生到黑板旁指图形说明。）

师：那么，1＋3＋5＋7＋9＋11＋13＋15＋17＋19这个算式对应的图形又是什么样子？

96

生：对应的图形是边长为 10 的正方形。

师：为什么？

生：10 个数相加。

3. 小结：回顾我们研究的过程，我们从图中找到数，又在数中想到了形，数与形有着紧密的关系。

（三）体会以形助数，以数解形，数形互助

1. 体会以形助数。

出示例 2：

$\frac{1}{2}+\frac{1}{4}+\frac{1}{8}+\frac{1}{16}+\frac{1}{32}+\frac{1}{64}+\cdots=$

师：这个算式有什么特点？

生：后一个分数是前一个分数的 $\frac{1}{2}$。

师：省略号是什么意思？

生：省略号表示一直加下去，有无数个。

师：猜测一下和是多少？（学生有些迷茫，不知道和是多少。）

师：同学们可以画图帮助自己寻找答案。

作品展示：线段图、圆形、正方形。

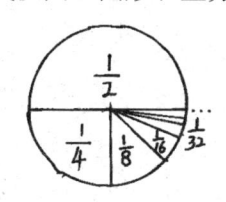

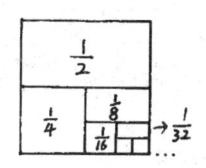

师：通过画图，同学们初步获得结论，一部分学生认为"和"等于 1，一部分学生认为"和"比 1 小一点。那么，认为和等于 1 的同学是怎么想的？认为不等于 1 的又是怎么想的？

生：画图画到 $\frac{1}{32}$，我就没法画了。接着我就在头脑中分，可是无论怎样分，最后都有空白。因此我认为和不等于 1。

生：如果无限加下去不停止，空白部分就越来越小，慢慢就没有了，也就得到"1"。

师：看来画图不能帮助我们解释这个问题了。我们需要换个角度思考问题，借助数来帮助我们分析一下。

2．体会以数解形。

$$1 = \frac{1}{2} + \frac{1}{2}$$
$$= \frac{1}{2} + \frac{1}{4} + \frac{1}{4}$$
$$= \frac{1}{2} + \frac{1}{4} + \frac{1}{8} + \frac{1}{8}$$
$$= \frac{1}{2} + \frac{1}{4} + \frac{1}{8} + \frac{1}{16} + \frac{1}{16}$$
$$= \frac{1}{2} + \frac{1}{4} + \frac{1}{8} + \frac{1}{16} + \frac{1}{32} + \frac{1}{32}$$
$$= \frac{1}{2} + \frac{1}{4} + \frac{1}{8} + \frac{1}{16} + \frac{1}{32} + \frac{1}{64} + \frac{1}{64}$$

师：从这个算式可以看出什么？

生：1可以分解为若干个分数相加，而且这些分数后一个分数是前一个分数的一半。

生：1是可无限分解下去的。

生：$1 = \frac{1}{2} + \frac{1}{4} + \frac{1}{8} + \frac{1}{16} + \frac{1}{32} + \frac{1}{64} + \cdots$

反之，也成立。

师：同学们可能还无法接受这个算式为什么等于1，没关系！因为这个问题太难了，同学们到了初中、高中时还要继续学习这个问题。今天，我们研究这个问题的目的，是在寻求它等于几的过程中体会数和形之间的关系。

回顾一下我们刚才的研究过程，刚开始同学们看到这样一个算式，不知道等于几，谁帮助同学们找到了感觉，找到了和1的关系？

生：图形！

师：图形帮助我们看到了按照这样的规律加下去，越来越接近1，甚至有的同学都想象到等于1。当图形不能精确地表示"和"到底是等于1，还是接近1的时候，谁又帮助我们找到了准确结果？

生：数！

师：数又帮助我们通过推理找到了"和"就等于1。同学们，数和形有关系，你们觉得数和形之间有着怎样的关系？

生：密切，你中有我、我中有你，互相帮助！

师：密切，你中有我、我中有你的本质，在于它们可以相互帮助。其实，同学们在以前的学习当中，有很多地方用到了数、形之间的帮助。

3. 举例以前学习中数形互助的例子。

4. 欣赏课件出示。

师：数和形的关系非常密切，它们各有各的优势，数和形有机结合才能更好地帮助我们解决问题。

（四）体会"数缺形时少直观，形少数时难入微"

师：同学们思考一下，在数与形互助的过程中，数的优势是什么？形的优势是什么？

生：数是准确的，形一目了然。

师："数"能更精准地表达，"形"能更直观地表达事物。其实，华罗庚老爷爷很早就说过这样一句话："数缺形时少直观，形少数时难入微。"你能理解其中的含义吗？

生：只有数没有形，看不出来；只有形没有数，难算出来。

师："难算出来"就是不具体，不能精确地表达！所以后面还有一句话，同学们读一读。

生：数形结合百般好，隔离分家万事休。

师：对！如果把数、形分家什么事都做不来。

二、案例解读

"数与形"设置了两个例题，教师教学参考用书建议我们分2课时完成。例1是连续奇数的等差数列之和等于某平方数，从图形的角度直观理解"正方形数"或"平方数"的特点。显然，使学生通过数与形的对照，利用图形直观形象的特点得到关于数的规律。例2是等比数列之和等于1，教材借助图形解决了比较抽象的、复杂的、不好解决的数的问题。我们想，如果把两道例题用一课时完成，会有助于学生体会数中有形，形中有数，只有数形结合才能更好地帮助我们解决问题，在解决问题的同时更加能体会"数形互助"的关系。

这节课，我们没有把教学重点仅仅放在寻找规律上，而是引导学生处处紧扣"数"与"形"的结合，感受数与形的关系，探索图形中隐藏着数的规律，数的规律又能用图形表示出来。教学设计凸显以下两个特点。

第一，整体把握教学内容，凸显数形结合的思想。

例1引导学生从图形中发现数，通过数，想象图形，凸显"形中有数""数中有形"的关系。教学时着重引导学生体会形中有数，数中有形，多次安排学生从图形中找数，让学生深刻感受形中蕴含着数，然后结合算式想图形。随着数的增加，学生想象出图形，培养了学生的推理能力和空间想象能力。学生在解决例1时，感受数与形紧密结合带来的好处。例2引导学生利用图形解决计算问题，以及感悟"以数解形"的妙处，进一步体会"数形互助"的关系。利用素材很好地诠释了数形结合百般好。在解决问题时，学生就会自觉运用数形结合的思想帮助自己寻找答案。通过画图，学生们初步获得结论，一部分学生认为和等于1，一部分学生认为和不等于1且比1小。当图不能很好地为我们解释这个问题时，借助数帮助我们，体会以数解形的妙处，进一步体会数形互助的关系。

第二，为学生积累了数学思考的经验。

环节二通过让学生看图写数、看数想形，从而让学生体会到形中有数，数中有形。教师没有直接把四幅图一并出示，而是逐次出现。目的是给学生时间，让学生感受变化，在体会变化中发现规律，根据规律想象出图形，既培养了学生的空间想象能力，又为将图形与算式建立联系做好准备。

环节三借助图形和数的推理完成计算，通过对"$\frac{1}{2}+\frac{1}{4}+\frac{1}{8}+\frac{1}{16}+\frac{1}{32}+\frac{1}{64}+\cdots$"的探究，让学生经历了画图帮助找感觉，用算式帮助推理找规律的过程，初步体会画图能够直观表示数的关系，数可以精确地反映图形不能呈现的细节之处，使学生从正反两方面体会"形"可以描述"数"，"数"可以解释"形"。

这两个活动让学生有自己独立思考的空间和时间，不仅经历观察、猜测、抽象、概括的过程，还经历了想象、推理、解释的过程，促进了学生活动经验的不断提升。

（昌吉市第五小学　冯国华）

第十章 鸽巢问题

第一节 目标定位分析

"鸽巢问题"是人教版六年级下册第五单元的内容，也是经典的"抽屉原理"问题。这一内容的教学，重点使学生感知"抽屉原理"这类问题的基本结构，认识"抽屉原理"的一般形式，掌握两种思考方法——枚举和假设，理解问题中关键词语"总有"和"至少"的含义，进一步熟悉用假设法来分析问题的思路，形成对"抽屉原理"的初步认识，提升对"抽屉原理"的理解水平。难点是"抽屉原理"模型的建构和具体应用，如何找到实际问题与"抽屉原理"模型之间的联系，如何来思考一些变式的情况。教学时，教师首先要为学生提供熟悉的或者是感兴趣的材料作为学习素材，缓解学习难度带来的压力。其次，充分考虑学生学习的重难点，围绕学生的认知特点和学习方式，抓住解决问题、分析问题的关键词，并在例题与习题上做好衔接，习题设计上体现层次性，体现循序渐进的原则。第三，要以直观素材和实践操作为基础，逐步提升思维，让学生经历将具体问题"数学化"的过程，增强学生对"模型思想"的体验。据此我们设置了如下的教学目标：

1. 初步了解抽屉原理，运用抽屉原理知识解决简单的实际问题。

2. 经历抽屉原理的探究过程，通过动手操作、分析、推理等活动，发现、归纳、总结原理。

3. 通过抽屉原理的灵活应用感受数学的魅力；提高解决问题的能力和兴趣。

第二节 教学案例解读

一、案例

（一）创设情境，导入新知

师：老师手中有一副扑克牌，去掉两张王，请5位同学上来，每人任意抽出1张。老师总能猜对这5张牌的花色。

第一轮游戏 老师猜："至少有2张牌的花色是相同的。"

生：碰巧的吧？

第二轮游戏　老师猜："至少有 2 张牌的花色是相同的。"

生表现出惊讶、不相信的表情。

第三轮游戏　老师猜："至少有 2 张牌的花色是相同的。"

生开始窃窃私语、好奇、质疑。

师：为什么我总能猜对？其中的奥秘是什么？你想知道吗？道理是什么？其实，这其中蕴含着一个有趣的数学原理，这节课就让我们一起走进"数学广角"共同研究这个原理。

（二）创设平台，合作探究

1. 出示例 1：把 4 个苹果放进 3 个抽屉中，可以怎么放？

师：以同桌为单位，你可以动手摆一摆学具来研究，也可以在纸上画一画图，看看有哪几种方法，并把它们记录下来。

2. 交流反馈：共有四种不同的放法。

(4、0、0)　(3、1、0)　(2、2、0)　(2、1、1)

3. 探寻发现。

师：4 个苹果放进 3 个抽屉里有 4 种不同的方法，想一想，这 4 种不同的放法，如果用一句话概括，可以怎么说？

师生共同小结：不管怎么放，总有一个抽屉里至少放进了 2 个苹果。

引导学生理解"总有""至少"的含义。

师：刚才我们研究了放得最多的抽屉里至少放进了几个苹果，怎样才能使这个抽屉里放进苹果的数尽可能的少呢？

生：可以先把苹果平均分，然后剩下的再放进其中一个抽屉。

师：平均分的目的是什么？

师：这种思考方法是从最不利的情况来考虑，先平均分，假设每个抽屉里都放进 1 个苹果，就可以使放得较多的这个抽屉里的苹果尽可能少，就能很快地得出不管怎么放，总有一个抽屉里至少放进了 2 个苹果。我们可以用算式把这种想法表示出来。

【板书：$4 \div 3 = 1 \cdots\cdots 1$　$1 + 1 = 2$】

小结：在数学上我们把这种方法叫做假设法。

4. 课件出示：如果把 5 个苹果放进 4 个抽屉里，会是什么情况呢？

生答。

师：把 6 个苹果放进 5 个抽屉里呢？

把 7 个苹果放进 6 个抽屉里呢？

把 8 个苹果放进 7 个抽屉里呢？

把 100 个苹果放进 99 个抽屉里呢？

师：你发现了什么？

生：苹果数比抽屉数多 1，不管怎么放，总有 1 个抽屉里至少有 2 个苹果。

5. 出示例 2：把 5 本书放进 2 个抽屉里，不管怎么放，总有一个抽屉里至少有几本书？

(1) 生独立思考想办法解决这个问题。

(2) 生上台汇报演示。

(3) 如果把 7 本书放进 2 个抽屉里，不管怎么放，总有一个抽屉里至少放几本书？

(4) 认真观察，你认为抽屉里至少有几本书可能与什么有关？

师：到底是"商＋1"还是"商＋余数"呢，谁的意见对，还需要举例加以证明。

6. 出示：把 5 本书放到 3 个抽屉里，不管怎么放，总有一个抽屉里至少放几本书？

(1) 同桌讨论，解决问题。

(2) 汇报。

(3) 课件演示。

(4) 列算式：5÷3＝1……2，1＋1＝2。

7. 把 10 本书放到 4 个抽屉里，不管怎么放，总有一个抽屉里至少放几本书？

(1) 学生独立解决问题。

(2) 交流反馈。

小结：把多于 n 个的苹果放进 n 个抽屉里。那么至少有一个抽屉里有 2 个或 2 个以上的苹果。这就是"抽屉原理"，也叫"鸽巢问题"。

(三) 应用联系

1. 完成书本"做一做"：鸽巢问题。

2. 张叔叔参加飞镖比赛，投了 5 镖，成绩是 41 环，张叔叔至少有一镖不低于 9 环，为什么？

3. 一个口袋里放有若干个红黄绿三种颜色的球，先从中取出一些球，至少要取出多少个球才一定会有 2 个球的颜色是相同的？

（四）全课小结

师：利用抽屉原理解决问题时关键应该分析什么量是苹果，什么量是抽屉。

师：抽屉原理的应用是千变万化的，用它可以解决许多有趣的问题，有兴趣的同学课后还可以继续研究。

二、案例解读

"鸽巢问题"的内容，教材中设置了三个例题：例 1，把 4 支铅笔放进 3 个笔筒中，是"抽屉原理"的最基本形式；例 2，把 7 本书放进 3 个抽屉里是"抽屉原理"的一般形式；例 3，在 4 个红球和 4 个蓝球中摸出 2 个同色球，是"抽屉原理"的具体应用，也是"抽屉原理"逆向思维的一个典型例子。

"抽屉原理"是一类较为抽象和艰涩的数学问题，对学生而言具有一定的挑战性。如果学生的思维能力略弱，学习的压力会更大。因此在教学时，我们选择的都是学生常见的、熟悉的事物，或者是一些有趣的、新颖的内容作为学习的素材，以增加学习材料的吸引力，提升学生学习的积极性，缓解学习难度带来的压力。如在例 1 前，设计了一个猜扑克牌花色的游戏引入教学；例 1 则以学生熟悉的、可操作的苹果和抽屉为素材；例 2 用书本和抽屉为素材，而习题则研究鸽子和鸽笼、投掷飞镖和摸球等有关的问题。这些都是以学生熟悉的或感兴趣的材料作为学习的素材，缓解学习难度带来的压力。

"抽屉原理"之所以难，一是难在模型的建立上，学生很难理解"总有""至少"的意思，并且不容易灵活、准确地使用特定的术语（"总有""至少"）来表示结论；二是难在具体应用，对于如何找到一些实际问题与"抽屉原理"模型之间的联系，学生会感到无从下手。案例在设计时，充分考虑这些因素，紧紧围绕学生的认知特点和学习方式，在教学的关键处凸显细节，彰显指导性和启发性。如例 1 在教师和学生讨论中增加了一句话——"总有"和"至少"是什么意思？这两个词语是分析和理解问题的关键，也是本课学习的重点。例 2 则以 5 本书放进 2 个抽屉，7 本书放入 2 个抽屉为例，引发学生得出"抽屉里至少有几本书"可能与"商＋余数"有关的猜想，而后借助"把 5 本数放到 3 个抽屉里，不管怎么放，总有一个抽屉里至少放几本书？"这一例题，放手让学生自己进行操作验证，在观察、比较、质疑中自己找出"抽屉里至少有'商+1'个物体"的规律，突破学习的难点，激发学生对数学学习的热情。

  以上案例，没有把教学的重点放在机械的公式和抽象的建模上，而是把教学重点落在了探索规律和建立模型的过程中感悟、体会、运用模型思想上。教学中，教师努力让学生经历将具体问题"数学化"的过程，帮助学生从现实素材中找出最本质的数学模型，发展学生的数学思维和能力，帮助他们积累数学活动的经验与方法。

（昌吉市第一小学 孙丽军）

第十一章　数学思考

第一节　目标定位分析

"数学思考"是人教版六年级下册整理复习单元中的内容。新版教材在编排这一单元内容时,在原来教材从"数与代数""图形与几何""统计与概率""综合与实践"四大领域进行毕业复习的框架基础上,将"数学思考"编排成独立的一节,凸显了新教材对数学思想的重视。本章节教材的主要内容有利用数形结合找规律、列表推理、等量代换、简单的几何证明,都是发展学生逻辑推理能力的典型素材。四个例题的具体内容与对应推理类型如下:

例1	找规律	合情推理
例2	列表推理	演绎推理
例3	等量代换	
例4	简单的几何证明	

推理能力是学生重要的能力之一,是数学三大核心素养(数学抽象、逻辑推理、建立模型)之一,因此如何培养学生的推理能力就成为小学数学教学的一个核心问题。在小学数学教材中二年级下册就专门安排了一个"数学广角"的内容——"推理",而且在这之后的学习中就经常出现用合情推理(不完全归纳)的数学思想方法探索发现规律、法则、定理等教材内容。老师们常会结合这些知识的教学引导学生感悟、体会和运用数学思想方法,提高学生的推理能力。因此如何从一些简单例子中得出猜想,并通过验证得出结论,利用归纳思想解决问题对学生来说并不会有太大困难。那么通过这节课的复习与整理到底要留给学生什么?六年级学生经过小学六年的学习后,能带走什么?能为今后的数学学习留下什么呢?这是我一直在思考的问题。于是,我就有了改编教材,通过"数学思考"这节课的教学引导学生感悟、体会并自觉运用多种数学思想方法解决问题,帮助学生积累解决问题的经验,真正实现提升学生核心素养目标的想法。为此我重新整合了教材,设定了如下的教学目标:

1. 在解决问题的过程中体会"化繁为简—找规律—应用规律解决问题"

的数学模型思想，感受"数形结合"的妙用。

2. 在探索中提高发现问题、提出问题、分析并解决问题的能力。

3. 体会特例对探索规律的影响，养成科学严谨的探索态度。

第二节　教学案例解读

一、案例

（一）大胆猜想，感受复杂

1. 出示：20个点能连成多少条线段？并请同学们大胆地猜一猜。

2. 那到底20个点能连成多少条线段呢？哪个答案是正确的呢？你们觉得可以怎样来验证？

3. 大家认为可以动手画20个点连一连，那就连一连吧？

4. 谈谈你连的感受。（体会20个点，点数太多，连线的方法比较复杂。）

（二）探索新知，渗透思想

1. 看来点数太多，连起来比较麻烦比较复杂。【板书：复杂】

2. 这么复杂的问题我们可以怎样着手解决呢？（从简单的想起）那至少有几个点才能连成线段？2个点能连成几条线段？再多些，3个点能连成多少条线段呢？你们是怎么想的？（渗透有序的思考方法。）

生回答后师评点。

3. 学生独立探索学习。

4. 学习要求：（1）独立画一画、算一算；如果有4点、5点分别可以连成几条线段？（2）与同桌同学进行交流，看看你能从这些简单问题中发现什么规律。（3）想一想，运用发现的规律，你能解决"20个点能连成多少条线段"这个复杂的问题吗？

5. 生探索学习后汇报交流。

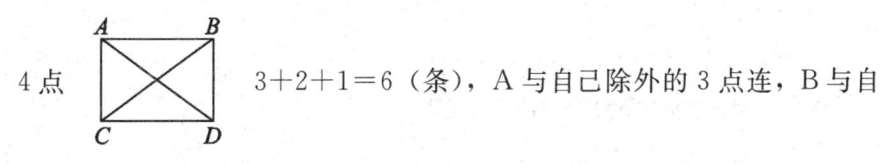

4点　（图：正方形ABCD，对角线相连）　3+2+1＝6（条），A与自己除外的3点连，B与自己、与A除外的2点连，C与D连。

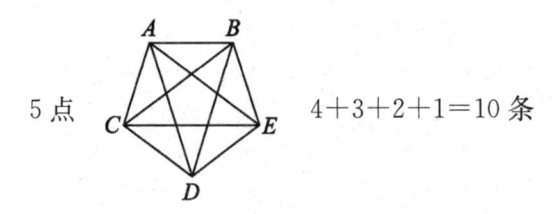

5点　[图：五边形ABCDE,顶点间连线]　4＋3＋2＋1＝10条

6. 生应用规律解决20个点连成线段的问题。19＋18＋17＋16＋…＋3＋2＋1＝190　（让学生说说是怎么想的。同时渗透速算的方法。）

7. 总结渗透转化与数形结合的思想方法。

师：刚才我们初见这个问题时感觉它很复杂，遇到复杂的问题时我们采取了什么样的解决问题的策略？（从简单的问题入手）当我们从简单的例子中归纳得出规律时我们就可以利用这个规律解决复杂的问题了。

【板书：
复杂
转化‖利用
　　　规律
简单 ——（归纳规律）
】

师：我们又是借助什么发现规律的呢？（图形）把图形与数量相结合帮助我们更形象直观地发现规律，科学家们把这种方法称为数形结合。把复杂问题转化为简单问题，从简单例子中归纳出规律，再利用规律解决复杂问题。数形结合的方法也能化抽象为直观帮助我们找到解决问题的方法。今后我们在解决问题时要常常想到这些方法，并充分地应用它们来帮助我们解决问题。

（三）应用数学思想方法解决相关问题

1. （1）掌握了这些方法后，你们想利用这些方法来解决几个问题吗？请大家闭上眼睛。

师出示：11111111×11111111＝？

（2）提问：你们看到了什么？8位数乘8位数看来挺复杂的，你们决定怎么解决它呢？

（3）生提出用化繁为简的方法，从1×1、11×11、111×111这些简单的例子中归纳出规律再利用规律解决问题。

（4）生动手解决问题。

（5）利用竖式验证结论的正确性。

2. 下面还有一道题，你们愿意来挑战吗？

(1) 出示：$\frac{1}{2}+\frac{1}{4}+\frac{1}{8}+\frac{1}{16}+\frac{1}{32}+\frac{1}{64}+\frac{1}{128}+\frac{1}{256}=?$

(2) 让学生自主解决问题。

(3) 刚才我们从简单例子入手用归纳的方法解决了这个问题，实际上这道题还有一个更妙的解决办法，你们想学习吗？这就是画图的方法。

(4) $\frac{1}{2}+\frac{1}{4}$ 用图怎么表示？

引导学生观察图形：引出 $\frac{1}{2}+\frac{1}{4}$ 可以用通分的方法计算得出结果是 $\frac{3}{4}$，也可以换个角度思考：$\frac{1}{2}+\frac{1}{4}$ 还可以看成是从 1 中减去空白部分的 $\frac{1}{4}$。同样的道理 $\frac{1}{2}+\frac{1}{4}+\frac{1}{8}$ 可以看成把剩下的四分之一再平均分成两份，其中的一份就是 $\frac{1}{8}$。通过画图，$\frac{1}{2}+\frac{1}{4}+\frac{1}{8}$ 可以看成从 1 中减去 $\frac{1}{8}$……

(5) 感受数形结合的妙用。

通过画图，我们把 $\frac{1}{2}+\frac{1}{4}+\frac{1}{8}+\frac{1}{16}+\frac{1}{32}+\frac{1}{64}+\frac{1}{128}+\frac{1}{256}$ 这么难的题目转化成了 $1-\frac{1}{256}$ 这么简单的算法。看来数形结合真好，它能把复杂的数量关系简单化。今后我们在解决问题时要常常记得通过画图来帮助我们解决问题。

3. (1) 出示：$\frac{1}{3}+\frac{1}{6}+\frac{1}{12}+\frac{1}{24}+\frac{1}{48}+\frac{1}{96}+\frac{1}{192}=?$

(2) 故意误导学生得出 $1-\frac{1}{192}=\frac{191}{192}$ 的结论。并引导学生画图验证。在验证的过程中发现这个结论是错误的。

(3) 引导思考：这两道题形式是相同的，相加的数之间都是后一个是前一个加数的一半。按理来说这两道题的规律应该是相同的，为什么这两题的结论会不相同呢？问题到底出在谁的身上？

学生对于谁是特殊例子有争议。这时教师引导学生自己再举一个类似的算式。

生：举 $\frac{1}{5}+\frac{1}{10}+\frac{1}{20}+\frac{1}{40}+\frac{1}{80}+\frac{1}{160}$ 的例子，通过画图归纳这类题目的结

果是第一个数的两倍减最后一个数,从而得出:$\frac{1}{2}$是一个特殊的数据,2个$\frac{1}{2}$正好是1,因此误导我们归纳出错误的计算规律。

(4) 引导学生得出:$\frac{1}{2}+\frac{1}{4}+\frac{1}{8}+\frac{1}{16}+\frac{1}{32}+\frac{1}{64}+\frac{1}{128}+\frac{1}{256}$这道题是这类题的特殊例子,从特殊例子中归纳出的规律不是通用规律的结论。因此,我们从简单的例子中去探索归纳规律时所举的例子要全面,得出结论后要进行验证才能应用规律去解决其他类似的问题。

(四) 课堂总结

通过今天的学习你们有什么收获?

二、案例解读

从这节课的教学设计中不难看出,笔者对教材进行了创造性的改编。通过改编所设计的例题和练习,不仅让学生在学习和探索中进一步体会"化繁为简、归纳概括规律、利用规律解决问题"的数学思想,感受"数形结合"对于解决问题的妙用,更为重要的是希望通过探索归纳形如:$\frac{1}{2}+\frac{1}{4}+\frac{1}{8}+\frac{1}{16}+\frac{1}{32}+\frac{1}{64}+\frac{1}{128}+\frac{1}{256}=$?这类的题目计算结果的规律,感受特例对于归纳结论的误导,让学生深刻感悟数学是一门严谨的科学,直觉、归纳、类比等推理都要经过严格的证明,让学生对归纳的思想有更进一步的认识。

通过本课的教学,留在学生头脑中的并不是这几个例题,深深印在学生心中的一定是帮助他自己解决这些问题的数学思想和方法:化繁为简、数形结合。而这些数学思想才是比数学知识更为有用的东西,是数学学习的本质与精髓,这些数学思想将对学生的终身发展起着重要的作用。

(福州金山小学　林碧珍)